HEYNE BÜCHER

Wulfing von Rohr

MARS

Der Energieplanet

Die Kraft des Willens und des Triebes

WILHELM HEYNE VERLAG
MÜNCHEN

HEYNE PLANETENBÜCHER
14/302

Printed in Germany 1993
Umschlaggestaltung: Atelier Adolf Bachmann, Reischach
Umschlagillustration: Christine Wilhelm, München
Satz: Kort Satz GmbH, München
Druck und Bindung: Presse-Druck Augsburg

ISBN 3-453-07081-X

Inhalt

»Die Sonne stand zum Gruße der Planeten ...«

Eine Widmung für Sie, die Leser des Heyne-Planetenbuchs MARS, und an meinen ganz privaten »Sonnenschein«:

Wie an dem Tag, der dich der Welt verliehen,
Die Sonne stand zum Gruße der Planeten,
Bist alsobald und fort und fort gediehen,
Nach dem Gesetz wonach du angetreten.
So mußt du sein, dir kannst du nicht entfliehen,
So sagten schon Sibyllen, so Propheten;
Und keine Zeit und keine Macht zerstückelt
Geprägte Form, die lebend sich entwickelt.

Johann Wolfgang von Goethe, aus: *Urworte. Orphisch*

Ja, wir Menschen sind das: »Geprägte Form, die lebend sich entwickelt!« Goethe hat hier auf unnachahmliche Weise den scheinbaren Widerspruch aufgehoben zwischen einer Prägung unseres Lebens als Individuum bereits bei der Geburt und der gleichzeitig bestehenden Freiheit des menschlichen Willens.

Wir sind in das Erdenleben einerseits nach einer bestimmten Ordnung eingetreten (oder sogar »angetreten«), die sich laufend innerhalb des Rahmens von Gesetzen und Gesetzmäßigkeiten vollzieht.

Andererseits aber folgen wir auch einem inneren höheren Ruf, der uns die lebendige Geistigkeit, den Lebenssinn, unsere Aufgaben und Chancen, Herausforderungen und Möglichkeiten ganz frei erkennen und gestalten läßt.

Wir leben »unfrei« insoweit, als wir zum Beispiel auf diesen dreidimensionalen Körper festgelegt sind, der mehr oder weniger Nahrung und Schlaf braucht. Wir müssen also dem Gesetz folgen, das unsere irdische Form geprägt hat.

Wir sind aber »frei«, unsere Gefühle und Gedanken, Ideale und Meditationen, Mitmenschlichkeit und die Verbindung zur Seele zu ergründen, zu entwickeln und zu vertiefen. Der Körper mag in seiner Form festgelegt sein, der Geist ist es nicht!

»Die Sterne sind nur der Vater deines Schicksals. Die Mutter ist deine eigene Seele.« Das formulierte Johannes Kepler, Astronom und Astrologe.

Seriöse Astrologie, die auf dem Fundament eines entwickelten Bewußtseins aufbaut, erforscht die Zusammenhänge und »Schnittstellen« zwischen vorgeprägten Gesetzmäßigkeiten und Rhythmen des Lebens und der freien individuellen Entfaltung des einzelnen.

Dabei spielen die Planeten eine bedeutende Rolle – im Vergleich zu allen anderen astrologischen Faktoren sogar die wichtigste!

Dieses Büchlein über den Mars möchte Sie als ein guter Freund ein Stück auf Ihrem Lebensweg begleiten, Ihnen Anregungen vermitteln, Sie auf Problemlösungsmöglichkeiten und Entwicklungschancen hinweisen und Ihnen zu mehr Verständnis für sich selbst und die Umwelt verhelfen.

»Wann immer ich von der Erde zur Milchstraße reiste, begegnete ich Liebe auf jedem Schritt und Schönheit in jedem Blick.« So dichtete Sant Darshan Singh in einem Vers im Buch »Love at Every Step«. Der Mystiker, Meditationsmeister und indische Dichter beschreibt hier seine spirituelle Reise in den inneren Kosmos.

Möge Ihnen die Beschäftigung mit Mars, mit den anderen Gestirnen und mit der Astrologie insgesamt genauso viel Liebe und Schönheit offenbaren wie Sant Darshan Singh. Nach dem großen Plan sind Liebe und Schönheit sowohl im Kosmos als auch auf unserer geplagten Erde möglich – wenn wir uns nur auf die schöpferische Ordnung, so wie sie gemeint ist, einlassen und unsere persönlichen Gaben zum Wohle aller Menschen entfalten und mit anderen teilen.

Astrologie ist in diesem besten Sinne Himmelskunde, die nach der Bedeutung des Lebens fragt, sie ist echte Lebenshilfe. Viel Freude und Licht auf Ihren Entdeckungsreisen zum äußeren und zum inneren Sternenhimmel!

Wulfing von Rohr, Santa Fe

»Wie oben, so unten!« – Grundlagen der Astrologie

In der Astrologie symbolisieren die zehn Planeten lebendige Kräfte, allgemeine Prinzipien und spezielle Funktionen des individuellen Menschen. Aus Gründen der Vereinfachung nennt man in der Astrologie auch die Sonne und den Mond »Planeten«, obwohl sie natürlich keine Planeten sind. Die Sonne ist ein Stern, und der Mond ein Erdtrabant oder Erd-Satellit (oder auch ein Erd-Planet).

Die zwölf Zeichen des sogenannten Tierkreises versinnbildlichen, wie diese Kräfte durch universelle bzw. kollektive Prägungen »gefärbt« werden.

Der »Tierkreis« ist in der Astrologie einzig und allein ein symbolischer Meßkreis. Kein Astrologe hält die Sternbilder gleichen Namens für identisch mit dem astrologischen Kreis der zwölf Zeichen. Während sich die zwölf Sternbilder von der Erde aus gesehen langsam in ihrer Position am Himmelsrund verschieben, bleiben die zwölf Zeichen des symbolischen Meßkreises immer gleich. Im übrigen umfassen die in der Astrologie verwendeten symbolischen Zeichen jeweils genau 30 Grad und bilden so den Horoskopkreis von 360 Grad. Demgegenüber schwanken die Sternbilder am Abendhimmel – zu denen wir bestimmte Fixsterne ja erst durch unsere Vorstellung »machen«, obwohl die einzelnen Sterne Lichtjahre auseinander sind und nichts miteinander zu tun haben – zwischen 21 Grad beim Krebs und 46 Grad bei der Jungfrau.

Im deutschen Sprachraum haben vor allem der Astrologe und Mythenforscher Bernd A. Mertz und die Altmeister Johannes Vehlow und Thomas Ring auf diese Tatsache aufmerksam gemacht.

Die zwölf Häuser symbolisieren, in welchen konkreten Bereichen des Lebens sich die Kräfte ausdrücken.

(Manchmal heißen die Häuser auch »Felder«, bezeichnen aber dasselbe. Früher gab es zunächst eine Einteilung in vier Quadranten und dann in acht Häuser.)

Die Aspekte zwischen den Planeten zeigen wie die Kräfte aufeinander wirken bzw. welche Beziehungen sie miteinander eingehen. Zu den Aspekten finden Sie mehr auf Seite 42 ff.

Kurz gesagt:

- Planeten sind das »Was« im Leben.
- Zeichen sind das »Wie« im Leben.
- Häuser sind das »Wo« im Leben.
- Aspekte sind das »Wie« zwischen zwei oder mehr »Was«.

Die Gesetze, welche den Himmel dort oben, den Makrokosmos der Gestirne, bestimmen, sind grundsätzlich dieselben, welche den Menschen hier unten, den Mikrokosmos, beherrschen.
Zusätzliche rechnerische Punkte – Schnittpunkte von Planetenbahnen, Horoskopachsen bzw. gedachte Punkte – machen weitere Differenzierungen möglich. In der Astrologie verwendet man heute vor allem die horizontale Achse von Aszendent und Deszendent, die vertikale von Himmelshöhe und Himmelstiefe, die Mondknotenachse und eventuell noch die sogenannten Glücks- und Schicksalspunkte. Drei wichtige Arten bzw. Aussagen der Astrologie unterscheidet man:

1. Aussagen über Ereignisse
In der orts-, zeit- und ereignisbezogenen Astrologie stellt man die Frage: »Was passiert wann und wo?«
Dies ist die älteste bekannte Form der Horoskopfrage. In alter Zeit wurden Horoskope nicht für jedermann gestellt, sondern zunächst nur für den Herrscher, später auch für andere führende Persönlichkeiten. Der jeweilige Herrscher wurde als Beauftragter, Gesandter und Mittler zu Göttern und ihren Gesetzen des Kosmos betrachtet. Er ließ sich Rat von Astrologen-Astronomen geben (man trennte in der Antike die Himmelsbeobachtung und die Himmelsdeutung noch nicht!), um richtig regieren zu können.
Eine typische Frage der ägyptischen Astrologen würde also lauten: »Wann ist mit der nächsten großen Überschwemmung zu rechnen?« Und: »Fällt sie so aus, daß sie zum Segen wird, oder wird sie ganze Landstriche zerstören und womöglich lange unbewohnbar machen?«
Das Horoskop wurde auf die Person des Herrschers gestellt und auf den Ort seiner Residenz bzw. seines Palastes bezogen.
Weitere Themen waren natürlich auch Fragen nach Kriegsgunst, Dauer der Regentschaft, Gesundheit des Herrschers bzw. Todesursache und Todeszeit.

2. Aussagen über seelische Kräfte und ihre Balance
Die psychologische oder humanistische Astrologie stellt die Frage: »Welche Kräfte wirken im einzelnen, und wie kann er bzw. sie mit diesen Kräften harmonisch umgehen oder sie ausgleichen?«

Diese Form der Astrologie ist die gegenwärtig vorherrschende. Der Mensch begreift sich heute vor allem als freies Individuum und nicht mehr so stark als Teil eines unverrückbaren Kollektivs, wie bis hin zur Zeit der Aufklärung. Die personenbezogene Astrologie stellt in den Mittelpunkt ihrer Untersuchungen das komplexe Muster der im Inneren des Menschen wirkenden Kräfte. Sie geht davon aus, daß prinzipiell alle Kräfte in allen Menschen angelegt sind, das Geburtshoroskop aber Aufschluß darüber gibt, in welcher Ausprägung bzw. Akzentierung und welche Herausforderungen bestimmte Aspekte zwischen den Kräften an uns stellen.
Ein plakatives Beispiel dafür wäre, wenn alle Planeten auf der Du-Seite stünden, nahe am Du-Punkt. Dann wäre ein Anhalt gegeben, daß dieser Mensch stark über das Du lebt und sich über das Du verwirklicht. Vielleicht möchte er dann daran arbeiten, sich selbst auch wichtig genug zu nehmen, um zum Beispiel nicht ständig ausgenutzt zu werden oder um weniger abhängig vom Urteil anderer zu werden.

3. Aussagen über Lebenssinn
In der transpersonalen oder esoterischen bzw. spirituellen Astrologie steht folgende Frage im Vordergrund: »Welchen Sinn hat mein Leben und wie kann ich ihn am besten erfüllen?«
Dieses Astrologieverständnis strebt nicht so sehr danach, daß alles im Leben harmonisch verläuft, sondern ist bereit, auch Eigenarten und sogar »Nachteile« in Kauf zu nehmen und Opfer zu bringen, um dem eigenen Leben einen Sinn zu geben.
Wieder ein Beispiel: Das Geburtshoroskop legt mit einer Planetenkonstellation nahe, daß jemand hochsensibel ist; das bestätigt sich im Alltag. Nun könnte man versuchen, diese Sensibilität, die sich oft vielleicht auch als Überempfindlichkeit äußert, zu dämpfen oder zu desensibilisieren, also »auszugleichen«. Oder Sie könnten versuchen zu erforschen, auf welchen Gebieten diese hohe Sensibilität eine echte Gabe für den/die Horoskopinhaber/in darstellt, die er oder sie sogar noch weiter entwickeln sollte, um sie richtig zu nutzen – auch wenn das vielleicht heißt, auf zu häufige und zu intensive Außenkontakte oberflächlicher Art zu verzichten.
Ganz »reine« Anwendungen dieser drei Astrologiearten sind – zu Recht – immer seltener anzutreffen. Eine »Verteufelung« oder »Idealisierung« einer dieser Formen ist meines Erachtens nicht angebracht. Alle drei Arten haben ihre Berechtigung, schon deshalb, weil wir Menschen – zu verschiedenen Zeiten im Leben vielleicht, aber dennoch – an allen drei Fragetypen interessiert sind:

- »Wann muß oder kann ich mit welchen Entwicklungen oder Tendenzen für Ereignisse oder Vorhaben rechnen?«
- »Was sind meine Anlagen und wie kann ich mich und andere besser verstehen und ausgeglichener leben?«
- »Wie erfahre ich meine Aufgaben im Leben und wie kann ich diese Herausforderungen am besten meistern?«

Ein/e gute/r Astrologe/in wird alle drei Fragen sinnvoll miteinander verknüpfen.

Von den meisten Formen des Zeitungs- und Illustrierten-»Geschreibsels« im Zusammenhang mit Horoskopen (der Begriff Astrologie dafür verbietet sich von selbst) ist wenig bis nichts zu halten (siehe auch Hinweise auf seriöse astrologische Zeitschriften im Anhang).

Ich persönlich halte von Prognosen – die an sich völlig legitim sind! – dann nichts (und schon gar nichts von negativen Voraussagen, die eher ängstigen oder lähmen!), wenn sie zwei Faktoren übersehen: nämlich die relative Willensfreiheit des Menschen und die Unvorhersehbarkeit und absolute Freiheit des Schöpferwillens. Auch kann ich wenig mit jener Art von Astrologie anfangen, die alles problematisiert und vor allem immer negative Aspekte in den Vordergrund stellt und damit die natürlichen Selbstheilungskräfte und die gottgegebenen Energien der positiven Gestaltungsmöglichkeiten und der Lebensfreude dämpft oder unterdrückt.

Mir liegt es mehr, Probleme möglichst von vornherein auszuschalten oder so rasch wie möglich gute Lösungen für Probleme zu finden, als lange darüber nachzugrübeln, wie und warum man sich irgendein Problem ins Haus geholt hat oder weshalb es nur so gräßlich aussieht oder wie schön es wäre, es bald wieder los zu sein. Natürlich nimmt man in der positiven Astrologie Probleme zur Kentnnis. Vielleicht sogar noch schneller und gezielter als in manchen anderen Formen, weil es hier darum geht, rasch und umfassend zu einer aktiven und erfüllten Lebensgestaltung zu finden. Sie mögen bitte nicht denken, daß hinter diesem Ansatz eine verborgene Intoleranz stecke! Im Gegenteil: Wer gern länger in Schwierigkeiten verweilt, um sie recht intensiv kennenzulernen und »auszukosten«, ist ja völlig frei, dies zu tun.

Für mich ist »positive Astrologie« oder »kreative Astrologie« eine wunderbare Hilfe und Chance, die uns in unserer Freiheit ermuntert, die das wunderbare Potential aufzeigt, das in jedem Menschen steckt, und uns dabei unterstützt, es zu verwirklichen.

In jeder Form von Astrologie spielen Zeitzyklen eine wichtige Rolle. Ob es nun Ereignisse sind, über die wir mehr erfahren möchten, ob es

emotionale Probleme sind, die wir klären wollen, oder ob es sich um die Erfüllung unserer Lebensaufgaben handelt: immer gehen wir von einer Situation aus, die nicht statisch ist, sondern sich fortlaufend entwickelt und verändert. Maßstab für diese Veränderung sind in der Astrologie die Zeitzyklen der Planetenbahnen.
Astrologie erfaßt nicht nur Grundmuster, sondern auch den Rhythmus und die Dynamik des Lebens!

Wieso »funktioniert« Astrologie?

Es gibt drei wichtige Erklärungen, warum Astrologie »funktioniert«:

1. Direkter Einfluß der Gestirne auf Erde und Menschen
Besonders in alter Zeit gingen die meisten Menschen davon aus, daß Sonne, Mond, Planeten und Sterne direkt und unmittelbar auf die Erde und die Menschen wirken, durch die sichtbare Strahlung des Lichts und durch unsichtbare rätselhafte geistige Strahlungen. Auch wenn wir gerade das letztere als Aberglauben abtun, so besteht durchaus eine direkte Wirkung einiger Himmelskörper.
Der Sonnenstand (bzw. die Drehung der Erde um sich selbst) bewirkt das Phänomen von Tag und Nacht, von Licht und Dunkel, von »Leben« und »Tod«. Der Sonnenlauf im Jahr (bzw. richtig der Erdenlauf um die Sonne) bestimmt unsere Jahreszeiten, legt den Wachstumsbeginn, die Reifephasen und die Erntezeiten der Vegetation fest und beeinflußt damit unsere körperliche Lebensgundlage auf entscheidende Weise.
Der Mond ruft (durch seine Anziehungskräfte) bekanntlich Ebbe und Flut hervor. Bestimmte Mondkonstellationen haben Sturmfluten zur Folge. Die Mondphasen bestimmen die besten Saat-, Pflanz-, Schnitt- bzw. Erntezeitpunkte. Nicht zuletzt finden wir den Rhythmus der Mondzyklen auch in der Menstruationsperiode der Frau und in den Fruchtbarkeitszyklen mancher Tiere wieder.
Die Polizei beobachtet immer wieder, daß bei Vollmond – und in geringerem Maße bei Neumond – viele Autounfälle, Unglücke und Gewalttaten geschehen. Flugzeugbesatzungen wissen, daß bei Vollmond und Neumond viele Passagiere gereizter reagieren als sonst. Vor allem Frauen sind bei Vollmond noch sensibler als ohnehin. Und in vielen Krankenhäusern weiß man, daß bei Vollmond und bei Neumond mehr Komplikationen als sonst auftreten. Ich mußte dies vor meiner Bekanntschaft mit der Astrologie am eigenen Leibe spüren, bei einer

Mandeloperation und einer Weisheitszahnextraktion. In beiden Fällen kam es zu größeren Problemen (einmal mit sehr starkem Nachbluten, das andere Mal mit dem Kreislauf). Heute werde ich keine Operation mehr bei Vollmond oder Neumond machen lassen.
Mondfinsternisse und noch mehr Sonnenfinsternisse hatten früher auf jeden Fall zumindest eine sehr reale psychologische Wirkung: sie lösten Angst und Schrecken aus, weil viele Menschen befürchteten, daß die Ordnung des Kosmos umgestürzt werde, daß das Licht der Sonne womöglich für immer verschwinden und dem Leben auf Erden dann ein Ende gesetzt würde.
In den fünfziger Jahren stellte ein amerikanischer Ingenieur fest, daß es zu besonders starken Funkstörungen auf der Erde kam, wenn auf der Sonne die »Sonnenfleckenaktivität« (der Ausstoß von Energie) besonders stark war. Die erhöhte Sonnenfleckenaktivität ergibt sich eigenartigerweise dann, wenn Merkur und Jupiter in einem »Spannungsaspekt« zur Sonne stehen.
Wenn nun bestimmte Konstellationen zwischen den Himmelskörpern in unserem Sonnensystem zu so deutlichen physikalischen Phänomenen führen, die auch auf der Erde nachweisbar sind, ist die Annahme der Antike, daß es eine gewisse direkte Wirkung der Gestirne auf uns gibt, immerhin verständlich.
In der modernen Astrologie spielt die Erklärung, daß es diese Wirkung der Gestirne auf uns gibt, aber praktisch keine Rolle mehr. Eine Ausnahme stellt die Mondforschung dar, die sicher noch einige überraschende Resultate zeitigen wird.

2. Synchronizität zwischen Makrokosmos und Mikrokosmos

Der Schweizer Psychologe Carl Gustav Jung entwickelte ein damals neues Modell, wie Ereignisse miteinander verknüpft sein können, ohne daß sie unmittelbar miteinander zusammenhängen. Wir kennen das Prinzip von Ursache und Wirkung, das sogenannte kausale Prinzip. C. G. Jung postulierte nun ein »akausales« Wirkprinzip. Am besten läßt sich das an einem einfachen Beispiel erklären.
Sie lesen dieses Buch, weil Sie es gekauft oder ausgeliehen haben. Sie konnten es kaufen oder ausleihen, weil der Verlag es hat drucken lassen. Der Verlag konnte es drucken lassen, weil ich ein Manuskript für das Buch abgegeben hatte. Das sind typische »kausale« Verknüpfungen: weil A passiert ist, kann B folgen. A ist die Ursache, B die Wirkung. Jede Wirkung hat irgendeine Ursache.
Was ist aber von folgendem zu halten: Während Sie dieses Buch lesen, läutet das Telefon. Während Sie aufstehen, um zum Telefon zu gehen,

kommt Ihr Partner zur Tür hinein. Während Ihr Partner zur Tür hereinkommt, sendet das Radio Nachrichten.
Nicht, weil Sie lesen, läutet das Telefon. Nicht, weil Ihr Partner hereinkommt, bringt das Radio Nachrichten. Sondern während A geschieht, ereignet sich B. Während A passiert, passiert gleichzeitig B.
C. G. Jung nannte das eine »akausale« Verknüpfung, weil A in diesem Fall nicht Ursache von B ist und B nicht Folge von A, sondern A und B »grundlos« und »zusammenhanglos«, aber eben zur selben Zeit geschehen. Er wies darauf hin – und daraus ergibt sich jetzt die Bedeutung dieser Beispiele für unser Thema Astrologie -, daß nicht nur Dinge und Ereignisse Qualitäten besitzen, sondern auch einzelne Abschnitte und Momente der Zeit.
Jung stellte fest, daß Zeit eine eigene Prägung hat und daß alle Ereignisse, die sich zur selben Zeit abspielen, durch die betreffende Zeitqualität »gefärbt« werden. Er schuf den Begriff »Synchronizität« und bezeichnete damit das Phänomen, daß Geschehnisse, die gleichzeitig stattfinden, auf eine unsichtbare Weise etwas miteinander zu tun haben. Sie werden durch die Qualität des Zeitabschnitts geprägt.
Auf die Astrologie angewandt, bedeutet dies, daß die Gestirne nicht direkt auf uns wirken und wir – unser Charakter und unser Schicksal – aufgrund ihrer Wirkung so oder anders sind. Sondern vielmehr stellen wir anhand des Horoskops die Zeitqualität unseres Sonnensystems und des Kosmos zum Zeitpunkt unserer Geburt fest. Wir übertragen, was wir zu einem bestimmten Zeitpunkt über die Zeitqualität, die Zyklen und Rhythmen der Gestirne feststellen, auf die Grundsituation, in der der neugeborene Mensch sein Erdenleben beginnt. Von der Zeitqualität des Makrokosmos ziehen wir Rückschlüsse auf den menschlichen Mikrokosmos und seine Basisqualitäten.

3. Astrologie als symbolische Zeichensprache

Beide oben skizzierten Erklärungen, warum Astrologie »funktioniert«, haben etwas für sich. Eine dritte Erklärung, die Dane Rudhyar schon in den 30er Jahren vorgetragen hatte, ist noch umfassender und befriedigender. Rudhyar sprach davon, daß Astrologie nicht mehr und nicht weniger als eine Symbolsprache ist, eine Art »Algebra des Lebens«. Diese Symbolsprache dient dazu, Gesetzmäßigkeiten, die wir in einem Teil der Schöpfung erkennen, auch in anderen Bereichen zu beschreiben. Solange man im Rahmen der Symbolsprache bleibt und solange man damit allgemein erlebbare Phänomene beschreibt, läßt sich damit zwar nicht alles, aber doch sehr viel erklären und auch praktisch anfangen. Dazu einige Beispiele.

Wir wissen, daß es unterschiedliche mathematische Modelle und »Sprachen« gibt. Bei den Sumerern kannte man ein Zahlensystem, das auf der Zahl 60 aufbaute. Unsere Uhrzeit messen wir noch nach diesem System. 60 Sekunden sind eine Minute, 60 Minuten sind eine Stunde. Natürlich könnte man die Zeit auch anders einteilen, zum Beispiel in Dezimal-Abschnitte, also zehn kleine Einheiten ergeben eine mittlere, zehn mittlere ergeben eine große, und so fort.

In der »normalen« Mathematik bedienen wir uns des Dezimalsystems. Aber auch hier gibt es noch Ausnahmen: in England und den USA werden Entfernungen nicht nach Kilometern, Metern und Zentimetern berechnet, sondern nach Meilen, Yards und Inches. Gewichtsmaße werden nicht nach Gramm und Kilogramm eingeteilt, sondern nach Ounces und Pounds; Flüssigkeitsmaße sind nicht Liter und Deziliter, sondern Gallonen und Quarts oder Pints.

Und in Computern existiert noch eine ganz andere »Mathematik«, nämlich lediglich 0 und 1, bzw. positiv oder negativ geladen, bzw. Strom fließt oder Strom fließt nicht. Und damit wird im Inneren eines Computers alles das dargestellt, umgerechnet, weiterverarbeitet, was wir sonst in einer ganz anderen Sprache ausdrücken.

Jede Sprache ist »richtig«, solange wir sie folgerichtig und systemgerecht anwenden. Das läßt sich ja auch an der Vielfalt der Sprachen auf der Erde nachvollziehen, die mehr oder weniger alle gleich genau, zutreffend und differenziert komplexe Sachverhalte ausdrücken können.

Gehen wir nun einen Schritt weiter, von der Form zum Inhalt. Sicher kennen Sie aus der »Formelsprache« der Psychologen die Begriffe für vier Grundtypen von Menschen, nämlich sanguinisch (= offen und froh gestimmt), melancholisch (= in sich gekehrt und eher betrübt), phlegmatisch (= träge und schwer aus der Ruhe zu bringen) sowie cholerisch (= impulsiv und eher heftig).

Wenn ich Ihnen sage, daß meine Partnerin meist sanguinisch ist und manchmal phlegmatisch, daß ich auch meist sanguinisch, aber manchmal cholerisch bin, so können Sie sich nur aufgrund dieser wenigen und recht schlichten Begriffe ein ganz gutes Bild von uns machen.

Wenn Sie weiter erfahren, daß mein Chef zwischen phlegmatisch und cholerisch schwankt und meine Kollegin oft melancholisch gestimmt ist, so sagt Ihnen das ebenfalls etwas.

Mit nur vier Begriffen in unterschiedlicher Kombination können wir uns gegenseitig ganz gut verständigen und uns über andere Menschen und ihren Charakter austauschen. Das »funktioniert«, weil wir eine ziemlich übereinstimmende Ansicht darüber haben, was diese vier Begriffe bedeuten.

Nun können wir diese Begriffe nicht nur auf Menschen anwenden, sondern auch auf das Verhalten von Firmen oder sogar auf Staaten. Wir benutzen also eine einfache Formelsprache aus vier Worten, um damit etwas Sinnvolles über unterschiedliche Teile des Lebens auszusagen.

Auf diese Weise »funktioniert« auch die Symbolsprache der Astrologie, nur ist sie viel komplexer. Statt vier Begriffen kombinieren wir zehn Planetensymbole, zwölf Sternzeichen, zwölf Häuser, einige weitere Elemente sowie bestimmte Winkelbeziehungen zwischen den Planeten. Verschiedenen Aspekten des menschlichen Lebens ordnet die Astrologie bestimmte Symbole und Begriffe zu.

Solange wir mit diesen Begriffen der Astrologie etwas verbinden, worauf wir uns mehr oder weniger genau geeinigt haben, und solange wir diese astrologische Sprache innerhalb der ihr eigenen Regeln einheitlich und schlüssig verwenden, kommen wir zu sinnvollen Aussagen, die auch von anderen Menschen verstanden werden können.

Die Grenzen der Astrologie, dort, wo sie nicht mehr »funktioniert«, liegen darin, daß sie wie jede Sprache und wie jedes System nur einen Teil der Wirklichkeit spiegeln kann. So, wie Leonardo da Vincis Geist ungleich größer war, als die gesamte Summe seiner Werke, so ist auch das menschliche Leben, das Streben des Geistes, die Bewußtheit der Seele, ungleich größer als die Summe ihrer Teile. Noch direkter: Die äußere Schöpfung läßt sich mit der astrologischen Symbolsprache recht gut erfassen und deuten. Aber der Schöpfergeist ist größer als Makrokosmos und Mikrokosmos zusammen. Gott und die Seele sind größer als Kosmos und Erde und Gefühle, Gedanken und der menschliche Körper.

Astrologie ist ein »Erkenntnisinstrument« und eine »Kunst« der Vergänglichkeit. Gott und Seele hingegen sind unvergänglich. Aber immerhin gibt der Blick in die lichte, blaue Transzendenz des Tages und in die unendlich erscheinende sternenübersäte Nacht eine Ahnung von der Ewigkeit, in der wir sind und die sich auch in uns selbst befindet. Wenn wir durch die Beschäftigung mit der Astrologie diese Ewigkeit in uns selbst als letzte Wirklichkeit und als unser wahres Wesen erahnen oder gar erleben dürfen, dann hat die Astrologie einen guten Dienst erfüllt!

Für die letzen beiden Erklärungsmodelle gilt auf jeden Fall der schlichte und klare Satz:

»So wie die Uhr die Zeit anzeigt, aber nicht ›macht‹, so zeigt die Astrologie Charakteranlagen, Schicksalswege und Lebenssinn an, ›macht‹ sie aber nicht!«

Was »steht« in einem Horoskop?

Die meisten Horoskopdarstellungen sind heutzutage rund. Eine Ausnahme stellen Horoskope nach der indischen Manier dar, die als Quadrat gezeichnet werden. Im Mittelalter wurden auch bei uns Horoskope quadratisch abgebildet.
In diesem Rund finden Sie fünf Arten von Eintragungen:

1. Zwölf Zeichen des symbolischen Tierkreises von Widder bis Fische. Sie sind das Meßband von 12 x 30 Grad = 360 Grad, in dem man Planeten, Häuser und rechnerische Punkte einträgt und abliest.
2. Zehn Planeten, die, wie wir wissen, die Kräfte symbolisieren, welche in der oder auf die Person wirken.
3. Zwölf Häuser, welche die Lebensbereiche angeben, in denen sich die symbolischen Planetenkräfte bemerkbar machen – in einer Weise, welche auch von den Merkmalen des jeweiligen Zeichens geprägt ist.
4. Einige Achsen als Grundstruktur (und einige rechnerische Punkte) als zusätzliche wichtige Deutungshilfen.
5. Aspekte, das heißt spezielle Winkelbeziehungen zwischen Planeten, Achsen und rechnerischen Punkten.

Jeder Planet und jeder rechnerische Punkt steht also sowohl in einem Zeichen als in einem Haus. Wahrscheinlich ist er darüber hinaus mit einem oder mehreren anderen Planeten durch eine besondere Winkelbeziehung, also durch einen Aspekt, verbunden.
Was steht nun in einem Horoskop? Zunächst einmal nicht mehr und nicht weniger als die schematische Darstellung des astrologischen Himmels mit zahlreichen Himmelskörpern und Elementen, betrachtet und berechnet auf einen bestimmten Ort zu einem bestimmten Zeitpunkt.
Meistens meinen wir das Geburtsbild eines Menschen, wenn wir von einem Horoskop sprechen. Man kann solche »Geburtsbilder« aber auch für die Gründung einer Firma stellen, für den Beginn eines Studiums und so fort.
Das Geburtshoroskop sagt etwas aus über die Grundanlagen und das Potential des Menschen. Der Vergleich zwischen dem Planetenstand bei der Geburt mit dem Planetenstand zu späteren Zeiten gibt Hinweise auf Zeitrhythmen und Entwicklungstendenzen.
Übrigens läßt sich von keinem Horoskop mit Sicherheit etwas über den Zeitpunkt des Todes aussagen oder darüber, ob der Mensch einen spirituell entwickelten Geist und ein bewußtes Seelenleben hat oder nicht.

R. W.
22. 1. 1944
6.00
Br 52°
Lg 4°

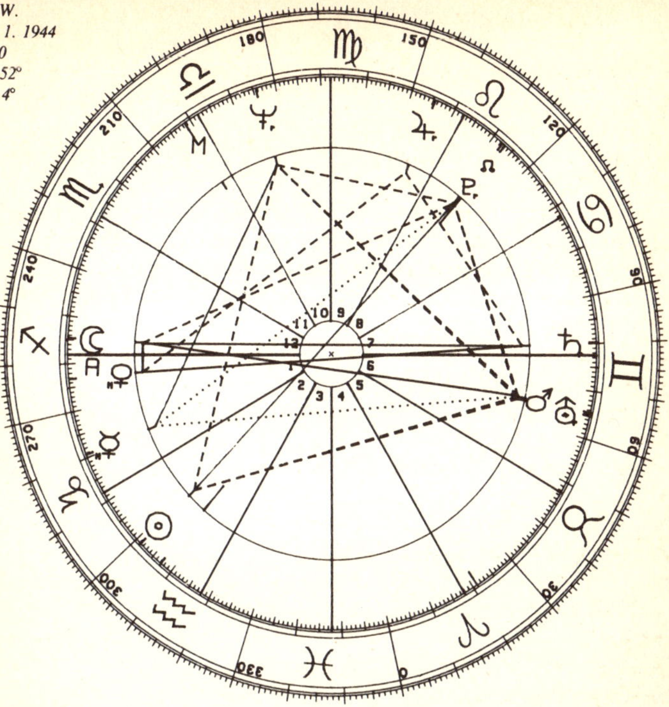

Ein typisches Horoskopbild als Computerausdruck mit den zwölf Zeichen, Sonne, Mond und Planeten sowie Aspekten. Die zwölf Häuser sind im Innenkreis als »Tortenstücke« gezeichnet.

Ob der Horoskopinhaber ein »Sünder« oder ein »Heiliger« ist, vermag man aus dem Horoskopbild allein nicht abzulesen. Wer das nicht glaubt, braucht nur die Horoskopbilder von Weisen und Heiligen an verschiedene Astrologen zu geben, ohne den Namen zu verraten, und sich dann die gegensätzlichsten Deutungen anzuhören. Wer »heilig« oder einfach auch nur weise ist, vermag auch ein »schwieriges« Horoskop zu meistern. Dann wird aus einem »Katastrophenaspekt« für einen eher unbewußten Menschen ein »Erleuchtungsaspekt« für eine voll bewußte Seele! Gott sei Dank ist das so, daß der kreative, göttliche und geistige Funken im Menschen sich eben nicht in einer schematischen, mathematischen materiellen Darstellung erfassen läßt.

Der Planet Mars

Astrologische Symbole der Planeten

Die üblichen graphischen Zeichen für die Planeten bestehen aus wenigen Grundelementen, die in den unterschiedlich gestalteten Planetensymbolen den Wesenskern des jeweiligen Planeten plakativ zum Ausdruck bringen.

Wir finden

Kreis	= Unendliche Ganzheit	○
Halbkreis	= Endliche Begrenztheit	ↄ ∪
senkrechte Linie	= Geistiges Streben	|
waagerechte Linie	= Körperliche Ausdehnung	—
Kreuz	= Verbindung beider Linien	+
Pfeil	= aktives abgewandeltes Kreuz	↗
Punkt	= Lebenswille, Lebenskern	•

in verschiedenen Kombinationen.

Und so sehen die Symbole für die Planeten und Tierkreiszeichen aus:

Sonne	☉	Mars	♂	Neptun	♆
Mond	☽	Jupiter	♃	Pluto	♇
Merkur	☿	Saturn	♄		
Venus	♀	Uranus	⛢		

Aufsteigender Mondknoten ☊

Absteigender Mondknoten ☋

Widder	♈	Löwe	♌	Schütze	♐
Stier	♉	Jungfrau	♍	Steinbock	♑
Zwillinge	♊	Waage	♎	Wassermann	♒
Krebs	♋	Skorpion	♏	Fische	♓

(Es gibt bisweilen auch andere Darstellungen, zum Beispiel für Uranus und Pluto. In unserem Sprachraum sind die hier abgebildeten Symbole gebräuchlich.)

Schauen wir uns nun den Mars näher an. Wir sehen einen Kreis mit einem schräg gestellten Pfeil (ungefähr zwischen ein und zwei Uhr, wenn man sich das Zifferblatt einer Uhr vorstellt). Die meisten unter uns kennen dieses Zeichen bereits als Piktogramm für »männlich«.
Das Marssymbol drückt ein eigenwilliges Streben aus, das »männliche« Qualitäten hat. Diese zielgerichteten »Yang-Energien«, die aus dem Trieb gespeist werden, beherrschen die vom Kreis symbolisierte Ganzheit. Das eher statische Kreuz zweier Linien ist hier zu einem dynamischen Pfeil umgebildet worden. Da dieser Pfeil nicht genau senkrecht nach oben geht, sondern schräg gestellt ist, können wir darauf schließen, daß die Willenskräfte beim Mars zwischen Geist und Materie, zwischen Transzendenz und Körperlichkeit noch »unentschlossen« sind. Daher spricht man ja auch davon, daß ein ungehemmter Wille und ein ungezügelter Trieb der Anleitung und Führung durch ein entwickeltes Bewußtsein bedürfen. Das Marszeichen stellt übrigens auch ein Phallussymbol dar.

Persönliche, soziale und kollektive Planeten

Die vier Gestirne innerhalb des Erdumlaufs um die Sonne werden oft als die »persönlichen« Planeten bezeichnet, die eine ganz individuelle Bedeutung für den Horoskopinhaber besitzen. Das sind Sonne, Mond, Merkur und Venus.
Die der Erde noch relativ nahen Gestirne außerhalb des Erdumlaufs um die Sonne – Mars, Jupiter und Saturn – beschreiben die Astrologen gern als »soziale« Planeten. Sie symbolisieren den sozialen Umgang des Menschen in seiner Umwelt.
Uranus, Neptun und Pluto, die weit entfernten Planeten, die übrigens in der Neuzeit alle relativ spät entdeckt wurden, nennt man »kollektive« oder »überpersönliche« Planeten. Sie sagen etwas über unbewußte oder spirituelle Einflüsse für den Menschen.

Mythisches rund um den Mars

Mars ist als der »rote Planet« bekannt und wird im Volksmund allgemein als der Gott des Krieges angesehen. Er war in der Mythologie der

Antike aber sehr viel mehr. Bei den Römern tauchte Mars gleich in drei Funktionen auf:

- Als »Mars sylvanus« war er der Gott der Frühlingsvegetation. Schon darin liegt ein Hinweis, warum Mars in der Astrologie auch als der »Herrscher« des Zeichens Widder gilt, mit dem ja das astrologische Jahr und die Jahreszeit des Frühlings beginnt. Unser Monatsname März läßt noch den Ursprung des lateinischen Monatsnamens »martius« ahnen. Das Jahr der Römer begann mit diesem Monat.
- Als »Mars gravidus« wurde er von den Römern mit dem griechischen Kriegsgott »Ares« identifiziert. Der Monat März markierte für die Römer nicht nur den Frühlingsbeginn, sondern auch die »Kriegssaison« (von März bis Oktober) wurde nun festlich eröffnet.
- Als »Mars quirinus« galt er als Gott des Staates und als Vater von Romulus und Remus, den Kindern der jungfräulichen Vestalin Rhea Silvia. Danach rettete Mars sie vor dem Ertrinken im Tiber und zog sie mit der Hilfe einer Wölfin und des geheiligten Spechtes Picus auf.

Mars wurde von den Römern mit der Wölfin, dem Specht, einem Pferd und der Farbe Rot in Verbindung gesehen.
In der griechischen Mythologie war Ares, ein Sohn des Göttervaters Zeus, der Kriegsgott. Obwohl unter den olympischen Göttern eher unbeliebt, schenkte Aphrodite ihm ihre Zuneigung und gebar ihm mehrere Kinder. In Homers »Illias« wird Ares als ein Kriegsgott dargestellt, der an Blutvergießen und Gewalt seine Freude findet. Er wird u. a. als Rächer, Schlächter und Fluch bezeichnet. Ares' Emblem war ein Speer, Geier und Hund waren seine heiligen Tiere. (Welche Gründe die Fortentwicklung oder Neufestsetzung vom Geier zum Specht und vom Hund zur Wölfin hatte, ist bislang ungeklärt.) Ares favorisierte im Trojanischen Krieg die Trojer.

Mars in Wissenschaft und Literatur

Seit es uns Menschen auf der Erde gibt, haben wir beobachten können, daß wir alle Teil eines ungeheuren kosmischen Ganzen sind, ein winziges Partikel in einem unermeßlichen Universum. In Tag und Nacht erleben wir den »Aufgang« und den »Untergang« von Sonne und Mond, vom »großen« und vom »kleinen« Licht. Mit Tag und Nacht sehen wir auch, daß diese beiden Himmelskörper nicht stille stehen, sondern über Horizont und Himmel ziehen. Aufmerksame Beobachter des nachtblauen Sternenfirmaments können erkennen, daß es nicht nur eine schier unübersehbare Zahl scheinbar feststehender Sterne gibt, die sogenannten Fixsterne, sondern auch eine kleine Zahl von Himmelskörpern, die wie Sterne aussehen, aber wie Sonne und Mond ebenfalls deutlich sichtbar über den Himmel »wandern«. Diese Himmelskörper nannte man Planeten.

Als Planeten bezeichnet man demnach einen Himmelskörper, der um eine Sonne herum seine Bahnen zieht und nicht selbst leuchtet. Der Begriff Planet entstammt einem griechischen Wort, das abwechselnd als »Wanderer« oder »Herumirrender« übertragen wird.

Im alten Weltbild sah man die Erde als Mittelpunkt des Alls und meinte demnach, daß Sonne, Mond und Planeten um die Erde kreisen. Der griechische Mathematiker Ptolemäus entwarf im 2. Jahrhundert nach Christus ein kompliziertes Himmelsmodell, in dem die Erde die Mitte einnahm. Diese Anschauung hielt sich bis ins Mittelalter. Der polnische Astronom Nikolaus Kopernikus schlug 1543 vor, daß die Planeten rund um die Sonne, nicht um die Erde, kreisten. Er übernahm dabei mathematische Verhältnisse von Ptolemäus. Im 17. Jahrhundert entwickelte der deutsche Mathematiker (und Astrologe) Johannes Kepler dieses Modell weiter und beschrieb die Planetenbahnen als Ellipsen, in deren einem Brennpunkt sich die Sonne befindet. Auf der Grundlage von Beobachtungen seines Lehrers, des Dänen Tycho Brahe, formulierte Kepler 1609 und 1619 drei wesentliche empirische Gesetzmäßigkeiten. Seine Arbeit gilt wiederum als Basis für Isaac Newtons Gesetz der Schwerkraft, das dieser 1687 niederlegte. Damit gelang es Astronomen, die Bewegung und die Position der Planeten mit hoher Genauigkeit festzustellen.

Daß die römisch-katholische Kirche Galileo Galilei zwang, seiner Überzeugung abzuschwören, daß auch die Erde um die Sonne kreist, gehört zu den Absurditäten der Geschichte. Daß es aber bis in unsere Tage dauerte, bis der Vatikan die Verurteilung des italienischen Forschers und Erfinders von Ferngläsern zur genaueren Himmelsbeobachtung aufhob und ihn auch offiziell rehabilitierte, ist nur noch mit distanzierter Ironie zu goutieren.

Die Himmelskörper im All haben schon immer die Phantasie von Schriftstellern beflügelt, Wissenschaftler zu großem Forscherehrgeiz angetrieben und Filmemachern Gelegenheit gegeben, immer extremere Filmtricks auf die Leinwand zu bringen. Man denke nur an »2001 – Odyssee im Weltraum« und die »Star-Trek«-Serie.

In einem Science Fiction-Klassiker von 1950, »The Martian Chronicles« (Die Mars-Chroniken), stellt der amerikanische Schriftsteller Ray

Bradbury Ereignisse zwischen 1997 und 2006 dar, die sich alle auf dem roten Planeten abspielen. Zunächst besuchen Raumfahrer von der Erde den Mars, dann kommen Geschäftemacher, die ihn auszubeuten hoffen, und schließlich finden die Überlebenden eines großen Weltkriegs auf Erden auf dem Mars eine Zuflucht. Dort bemühen sie sich darum, eine neue, humanere Zivilisation aufzubauen.
Und im »Das Marsgesicht« beschreibt der deutsche Bestsellerautor Johannes von Buttlar die neuesten Forschungsergebnisse über die eigenartige Formation auf dem Mars, die wie ein Gesicht aussieht, über die »Marskanäle« und die Frage nach der zumindest früher einmal gegebenen Existenz von Wasser auf dem Mars, über Vulkanaktivitäten und über die Möglichkeit, den Mars eines Tages als »Ausweichquartier« für eine überbevölkerte Erde und eine Zwischenstation auf der Reise ins ferne All zu nutzen.
Der Forscher und Schriftsteller Immanuel Velikovsky schrieb in seinem Buch »Worlds in Collision« (Welten im Zusammenstoß), daß sich ein Komet vom Jupiter abgespalten hatte. Etwa um 1500 vor Christus – also durchaus innerhalb der Epoche unserer Geschichtsschreibung – kam dieser Komet angeblich der Erde sehr nahe. Dabei hielt er die Eigenrotation der Erde einige Zeit lang an – was weltweit zur Sintflut und auf der damaligen Nachtseite der Erde zur Himmelsverdunkelung führte, weil die Sonne eben nicht mehr am Horizont »aufging«. Im 8. Jahrhundert vor Christus kollidierte der Komet fast mit dem Mars, um danach in seine jetzige Umlaufbahn zu gelangen ... als unser Planet Venus!

Der Mars im Sonnensystem

Nun noch einige physikalische Angaben zu unserem Sonnensystem und zum Planeten Mars.
Unser gesamtes Sonnensystem bewegt sich mit einer Geschwindigkeit von rund 19 Kilomtern pro Sekunde (!) in bezug auf unsere Nachbarsterne. Die Sonne und damit das gesamte Sonnensystem und auch wir auf unserer kleinen Erde rasen mit etwa 250 Kilometern pro Sekunde rund um das galaktische Zentrum. Das sind immerhin 900000 Stundenkilometer. Nicht nur der Blick in den funkelnden Nachthimmel, sondern auch diese Zahlen und Tatsachen können uns durchaus nachdenklich stimmen, was unsere Rolle als bewußte Wesen in diesem riesigen Kosmos wohl sein mag. Darüber hinaus bewegt sich auch unsere Galaxie und steht nicht einfach still.

Mars ist der vierte Planet von der Sonne aus gesehen (nach Merkur, Venus und Erde). Der rote Planet ist etwa anderthalbmal so weit von der Sonne entfernt wie die Erde. Er ist nur halb so groß wie unser blauer Planet. Der Mars ist von seinen Merkmalen der Erde – im Vergleich zu den anderen Planeten in unserem Sonnensystem – am ähnlichsten. Seine Rotationsachse und seine Rotationsgeschwindigkeit gleichen jenen der Erde. Auf dem Mars gibt es (wegen der gekippten Rotationsachse) Jahreszeiten; allerdings fallen Sommer und Winter auf dem Mars extremer aus als auf der Erde. Die Atmosphäre des Mars ist dünn genug, um seine Oberfläche beobachten zu können. Es gibt erdähnliche geologische Strukturen und sogar wohl immer noch Vulkantätigkeit. Dennoch sieht die Oberfläche des Mars eher aus wie jene des Mondes.

Die Grolier-Enzyklopädie von 1990 schreibt über die Existenz von Leben auf dem Mars wörtlich: »Die Frage nach Leben auf dem Mars, die zu Beginn (unseres) Jahrhunderts so bedeutsam war, bleibt offen. Nur ein wirklich eindeutiges unzweifelhaftes (Forschungs-)Resultat ist aussagefähig. Die Unfähigkeit der Viking(-Mission), Leben zu entdecken, kann bedeuten, daß es kein Leben auf dem Mars gibt oder daß die Experimente falsch angelegt waren. Mars bleibt der beste Kandidat für (außerirdisches) Leben im Sonnensystem außerhalb der Erde. Es bedarf weiterer Forschungsarbeit, um die widersprüchlichen Ergebnisse der Viking(-Missionen) in Einklang zu bringen.«

Mars in der Astrologie

Übersicht

Mars ist betont in den Zeichen Widder und Skorpion sowie im 1. und im 8. Haus. Er steht für die Qualitäten Initiative, Energie, Triebkraft, für den »Yang«-Aspekt der Libido (nicht nur für männliche Libido!), also für drängende oder gebende Liebe – während Venus für den »Yin«-Aspekt steht, für erwartende und aufnehmende Liebe –, für Aktivität, Durchsetzungsfähigkeit und Risikobereitschaft. Falls der Mars geschwächt ist, steht er für Ungeduld, Aggression, Rücksichtslosigkeit oder sogar für Konfliktscheu.

Materiell-körperliche Bedeutungen
Kopf, Körperwärme, Muskeln, Sexualfunktionen, vor allem männliche Zeugungskraft (siehe im Vergleich dazu Venus und weibliche Sexualorgane sowie Fruchtbarkeit).

Psychologisch-seelische Bedeutungen
Willensstärke, Mut, Entschlossenheit, Arbeits- und Kampfesfreude, Tätigkeitsdrang, das betont Männliche, Jugendlichkeit.

Sozial-gesellschaftliche Bedeutungen
Krieger, Soldaten; Kämpfer für eine Sache, aber auch Gegner und Widersacher; Polizisten, Sportler, Pioniere, Mechaniker, Techniker, Handwerker, Chirurgen; Berufe, bei denen mit Eisen bzw. Stahl umgegangen wird.

Überlegungen zur esoterisch-geistigen Bedeutung
Ernst-Günther Paris (siehe Literaturhinweise im Anhang) sprach davon, daß die Sonne uns das Leben in Bewußtheit schenke, und fuhr fort: »... Mars schenkt uns die Entschlossenheit, diese sonnenhafte Lebensenergie zu nutzen und praktisch anzuwenden. Wie wir diese in uns gelegte Willenskraft nutzen, ist zum einen davon abhängig, welche Entwicklungsstufe (des seelischen und spirituellen Bewußtseins, Anm. d. Autors) wir einnehmen, zum anderen, wie dieser Wille durch die Konstellation bei der Geburt in uns gelagert ist.«

Mars symbolisiert in der Esoterik auch den ersten Impuls, sich mit geistigen Fragen, mit Mythologie und Lebenssinn, mit Meditation und echter Selbstverwirklichung zu befassen.

Mars in den zwölf Zeichen des Tierkreises

Bevor ich auf die Bedeutung des Planeten Mars in den zwölf Abschnitten des sogenannten Tierkreises eingehe, stelle ich zu Ihrer Orientierung Stichworte zu den einzelnen Zeichen voran. Sie merken dann selbst schon recht schnell, wie sich die Energie des Marssymbols in der Umgebung des jeweiligen Abschnitts auswirken wird und kann, wo es zu sich gegenseitig verstärkenden und wo es zu entgegengesetzten Tendenzen kommen wird. (Diese Kurzbeschreibung der Tierkreiszeichen gründet auf bearbeitete Texte der Horoskopkarten, auf die im Anhang gesondert hingewiesen wird.)

Widder: Motto »Ich mache!«
Dynamik, Durchsetzung, Tatkraft, Pioniergeist, Impulsivität, Ungeduld, Draufgängertum, Begeisterungsfähigkeit. Besondere Beziehung zu Mars und zum 1. Haus.

Mars in Widder: Ungestüme Energie.

Charakter
Die symbolische Marskraft im Zeichen Widder handelt positiv von innen nach außen und kümmert sich dabei wenig um die Umwelt und deren Reaktionen.

Aufgabe
Eine Aufgabe bei dieser Marsposition könnte darin bestehen, sich vor der Tendenz zu blindem Eifer, der nur schadet, besser zu hüten.

Stärken
Vorwärtstrieb (siehe auch Anmerkung bei »Mars in Fische«), Siegeswille, Wachstum, Handlungsdrang und Tatendurst, Unerschrockenheit, Mut, Entschlossenheit, Enthusiasmus, Selbstbewußtsein, Pionier- und Kampfesgeist, Freiheitsdrang, Energieentfaltung.

Schwächen
Falls der Mars »ungünstig« gestellt ist, sich also in schwierigen Aspek-

ten zu anderen Planeten befindet (Opposition, Quadrat, manchmal Konjunktion) oder falls der Mensch eher unbewußt lebt, eventuell auch Jähzorn, Zerstörungswut, übersteigertes Selbstbewußtsein, Ungeduld, Streitlust, Kraftvergeudung.

Gesundheit
Reinhold Ebertin notiert »Gefahr von Kopfverletzungen.«

Mars gilt als der »Regent« oder »Herrscher« des Tierkreisabschnitts Widder. Hier »wirkt« er oft stärker, das heißt die von ihm symbolisierten Kräfte machen sich meist besonders deutlich bemerkbar.

Anmerkung
Für eine Frau stellt die Marsposition im Widder eine Herausforderung dar, meinen die Traditionalisten unter den Astrologen. Sie sprechen sogar davon, daß diese Marsstellung für eine Frau angeblich ungünstig sei, weil sie dann »zu positiv und maskulin in ihrem Ansatz« wäre. (Das wörtliche Zitat stammt nicht von einem Mann, sondern von der amerikanischen Astrologin Isabel M. Hickey!)

Stier: Motto »Ich habe!«
Sinnesfreude, Genuß, Realismus, Sicherheitsstreben, materielle Ausrichtung, Kraftreserven, Starrheit, Trägheit, Aufnahmefähigkeit. Besondere Beziehung zu Venus und zum 2. Haus.

Mars in Stier: Festhaltende Energie.

Charakter
Die symbolische Marskraft im Zeichen Stier ist körperhaft-materiell eingestellt, sie schätzt greifbare Freuden des Lebens, wie Geld und Sexualität.

Aufgabe
Besitz und Freuden, Aktivitäten und Gefühle mit anderen Menschen zu teilen stellt bei dieser Marsstellung oft eine wichtige Lebensaufgabe dar.

Stärken
Erwerbstrieb, Arbeitswille und Arbeitskraft, Festigung, Ausdauer im Verfolgen von Absichten und Vorhaben, Widerstandskraft, praktische Fähigkeiten, erotischer Antrieb.

Schwächen
Falls sich der Mars in schwierigen Aspekten zu anderen Planeten befindet oder falls der Mensch eher unbewußt lebt, eventuell auch Eigensinn, Eifersucht, Sturheit, Widerspenstigkeit, Impulsivität, Rachsucht, Mangel an Großzügigkeit (= Geiz).

Gesundheit
Kein besonderer und unumstrittener astrologischer Hinweis möglich. Hinweise auf Gesundheitsthemen erfolgen nur dort, wo sich die Fachwelt einigermaßen einig ist.

Zwillinge: Motto »Ich kommuniziere!«
Austausch, Beweglichkeit, Kontaktfreude, Neugier, Vielseitigkeit, Reizhunger, Oberflächlichkeit, Anpassungsvermögen. Besondere Beziehung zu Merkur und zum 3. Haus.

Mars in Zwillinge: Neugierige Energie.

Charakter
Die symbolische Marskraft im Zeichen Zwillinge ist wach, lebendig und vielseitig.

Aufgabe
Eine Aufgabe besteht darin, Energie zu bewahren, sinnvoll einzusetzen und die Konzentrationsfähigkeit zu entwickeln.

Stärken
Erlebnistrieb, Kommunikationswille, schnelle Entschlußfähigkeit, erfinderisches Denken, Gedankenaustausch, Handlungsbereitschaft, Beweglichkeit, vielseitige Fähigkeiten, Schlagfertigkeit, Witz, Redegewandtheit.

Schwächen
Falls der Mars ungünstig gestellt ist, sich in schwierigen Aspekten zu anderen Planeten befindet oder falls der Mensch eher unbewußt lebt, eventuell auch Schwatzhaftigkeit, Voreiligkeit, Zersplitterung der Kräfte, Rastlosigkeit, Sarkasmus, Widerspruchsgeist, Unzuverlässigkeit, Streitsucht.

Gesundheit
Unter Umständen Probleme mit den Nerven.

Krebs: Motto »Ich fühle!«
Fürsorglichkeit, Anschmiegsamkeit, Phantasie, Schutzbedürfnis, Unselbständigkeit, Launenhaftigkeit, Einfühlungsvermögen. Besondere Beziehung zu Mond und zum 4. Haus.

Mars in Krebs: Fließende Energie.

Charakter
Sehr empfindsame Energie; der Mensch nimmt wie über feinste Antennen auch fast unmerkliche Impulse und Energien aus der Umwelt auf, äußert sich selbst aber eher scheu und zurückhaltend.

Aufgabe
Der Mars im Krebs symbolisiert oft die Aufgabe, daß diese Menschen lernen müssen, für ihre Anliegen auch energisch nach außen hin aufzutreten, damit sie nicht ausgenutzt oder »überfahren« werden.

Stärken
Beschützertrieb, schöpferischer Wille, instinktives Handeln, reiches Gefühlsleben, Unternehmungslust, Liebe zur Veränderung, Abhängigkeit von Stimmungen, Gefühlsimpulse.

Schwächen
Falls sich der Mars in schwierigen Aspekten zu anderen Planeten befindet oder falls der Mensch eher unbewußt lebt, eventuell auch Unbeherrschtheit, Verführbarkeit, Launenhaftigkeit, leichte Reizbarkeit, überemotional und leicht »eingeschnappt«.

Gesundheit
Verdauung ist stark von Stimmungen abhängig. Isabel M. Hickey erwähnt »roten«, also säureempfindlichen Magen.

Löwe: Motto »Ich will!«
Lebensfreude, Selbstbewußtsein, Risikobereitschaft, Wärme, Kreativität, Eitelkeit, Selbstherrlichkeit, Beschützungsvermögen. Besondere Beziehung zu Sonne und zum 5. Haus.

Mars in Löwe: Selbstsichere Energie.

Charakter
Der »Feuerplanet« Mars im »Feuerzeichen« Löwe: das heißt Energie

hoch zwei, Drama, Leidenschaft! Wenn dieser Mensch nicht durch andere Faktoren im Horoskop »gebremst« wird, sitzt er immer auf dem Piloten- oder Rennfahrersitz.

Aufgabe
Eine wichtige Lebensaufgabe für Menschen mit dieser Marsstellung besteht darin, daß sie lernen, auch die Standpunkte und Lebensweisen anderer Menschen gelten zu lassen.

Stärken
Unternehmungstrieb, Gestaltungswille, Selbstvertrauen, Großzügigkeit, Kühnheit, Vitalität, Arbeitseifer, Leidenschaftlichkeit, Besitzstreben, Verantwortlichkeit.

Schwächen
Falls sich der Mars in schwierigen Aspekten zu anderen Planeten befindet oder falls der Mensch eher unbewußt lebt, eventuell auch Neigung zu autoritärem Auftreten, Spekulationen, dogmatisch verfochtenen Überzeugungen und Meinungen, ungezügelter Leidenschaft oder Eifersucht; falscher Stolz.

Gesundheit
Mitunter Neigung zu Herzproblemen bei starker körperlicher Anstrengung.

Jungfrau: Motto »Ich analysiere!«
Konzentration auf Wesentliches, Nutzstreben, Arbeit, Vernunft, Gründlichkeit, Ordnungsliebe, Pedanterie, Kritik, Unterscheidungsvermögen. Besondere Beziehung zu Merkur und zum 9. Haus.

Mars in Jungfrau: Gründliche Energie.

Charakter
Menschen mit Mars in der Jungfrau sind allgemein sehr hilfsbereit, strebsam und fleißig. Sie sind energische und harte Arbeiter.

Aufgabe
Mars in der Jungfrau symbolisiert häufig die Lernaufgabe, zu akzeptieren, daß andere Menschen anders und nicht so methodisch oder gar »hart« arbeiten wie die Menschen mit dieser Marsstellung im Horoskop.

Stärken
Ordnungstrieb, überlegter Wille, Ausdauer im Detail und bei wissenschaftlicher bzw. forschender Arbeit, realer Ehrgeiz, methodisches Vorgehen, Ausnutzung der jeweiligen Situation bzw. Anpassung an die Lage, kritische Geisteshaltung; »rationelle Energie«.

Schwächen
Falls sich der Mars in schwierigen Aspekten zu anderen Planeten befindet oder falls der Mensch eher unbewußt lebt, eventuell auch Kritiklust, Engstirnigkeit, Reizbarkeit, Pedanterie, Nervosität.

Gesundheit
Angespannte Nerven und Neigung zu einem empfindlichen Magen; unter Umständen Fiebertendenz.

Waage: Motto »Ich gleiche aus!«
Charme, Geselligkeit, Diplomatie, Harmoniestreben, Ausgewogenheit, Bequemlichkeit, Konfliktscheu, Verbindungsfähigkeit. Besondere Beziehung zu Venus und zum 7. Haus.

Mars in Waage: Sinnliche Energie.

Charakter
In ihrer Partnerschaft sind diese Menschen voller Begeisterungsfähigkeit bis hin zum Überschwang. Sie lieben gemeinsame Aktivitäten und genießen voll Freude die schönen Seiten des Lebens mit dem Du. Sie sind meist ästhetisch anspruchsvoll. Sie nehmen das Leben gern leicht.

Aufgabe
Menschen mit dieser Marsposition schwanken oft zwischen lammfrommer Selbstaufgabe aufgrund eines mangelhaften Selbstwertgefühls und bissiger Aggression zum vermeintlich notwendigen Selbstschutz. Sie müssen sich Diplomatie und Fingerspitzengefühl sowie Geduld erst im Leben erarbeiten.

Stärken
Eroberungstrieb, Verbindungswille, Freundlichkeit und Herzlichkeit sind Träger des Erfolgs, Vorliebe für Gemeinschaftsarbeit und Geselligkeit, Offenheit, intuitiver Geist, Begeisterungsfähigkeit, temperamentvolles Wesen, Kunstsinn; bei Frauen möglicherweise starke Libido.

Schwächen
Falls der Mars ungünstig gestellt ist, sich in schwierigen Aspekten zu anderen Planeten befindet (Opposition, Quadrat, manchmal Konjunktion) oder falls der Mensch eher unbewußt lebt, eventuell auch Abhängigkeit von Gefühlen und Stimmungen, Eitelkeit, Disziplinlosigkeit; zu große Offenheit kann zu Verstimmung führen.

Gesundheit
Bei falscher (= zu üppiger Ernährung) Neigung zu Leber- und Nierenproblemen; bei Männern bisweilen mangelnde Libido oder Potenzschwäche.

Skorpion: Motto »Ich engagiere mich!«
Leidenschaftlichkeit, Transformationsprozesse, Instinkt, (Selbst-)Kritik, Extremismus, Defensive, Widerstandsfähigkeit. Besondere Beziehung zu Pluto und zu Mars sowie zum 8. Haus.

Mars in Skorpion: Magische Energie.

Charakter
Diese Menschen halten nicht mit ihrer Energie zurück, sie können sich intensiv einsetzen und wissen sich deutlich auszudrücken, sogar wenn sie schweigen! Sie besitzen meist eine magnetische Ausstrahlung und verfügen über einen guten Instinkt.

Aufgabe
Menschen mit Mars im Skorpion müssen im Verlauf des Lebens lernen, überschießende Kräfte und einen manchmal zu starken Eigensinn »in den Griff« zu bekommen. Sie sollten Ängste überwinden und sich für die Kraft der Liebe öffnen.

Stärken
(Über-)Lebenstrieb, Durchsetzungswille, energischer Einsatz der Kräfte, Ehrgeiz, Zielstrebigkeit, schnelle Auffassung, Kritiksinn; Fähigkeit, höhere Kräfte aufzunehmen, zu »channeln«, und damit tiefgründig zu arbeiten; zu Opfern für andere bereit.

Schwächen
Falls der Mars ungünstig gestellt ist, sich in schwierigen Aspekten zu anderen Planeten befindet oder falls der Mensch eher unbewußt lebt, möglicherweise auch Neigung zu Kraftvergeudung, Selbstschädigung,

Machtwille, Rücksichtlosigkeit, Stolz, Selbstsucht, Unverträglichkeit, Sturheit.

Gesundheit
Anfälligkeit für Gesundheitsprobleme mit Geschlechtsorganen. Neigung zu Entzündungen, Unfalltendenz oder Operationen. Bei entsprechender geistiger Ausrichtung sind starke Heilkräfte möglich.

Mars gilt mit bzw. neben Pluto als »Mit-Regent« oder »Mit-Herrscher« des Tierkreisabschnitts Skorpion. Im Skorpion »wirkt« der Mars also sehr stark.

Schütze: Motto »Ich suche!«
Idealismus, geistige Ordnung, Freiheitsstreben, Expansion, Arroganz, missionarischer Dogmatimus, Zielstrebigkeit. Besondere Beziehung zu Jupiter und zum 9. Haus.

Mars in Schütze: Auf einen Sinn gerichtete Energie.

Charakter
Astrologen sprechen hier von einem freundlich gestimmten, optimistischen Mars. Bei bewußter Lebensführung findet man Interesse an Religion, Philosophie und Esoterik. Energien werden gern auch körperlich erfahren, im Sport oder auf Reisen.

Aufgabe
Notwendigkeit, die Rechte anderer Menschen genauso zu achten wie die eigenen. Vorsicht vor zu großem Mitteilungsbedürfnis.

Stärken
Überzeugungstrieb, Führungswille, Unabhängigkeit, Abenteuerlust, Sportvorlieben, Sinn für Gesetz und Sitte, persönlicher Einsatz, Arbeit mit Begeisterung, Offenheit, Beweglichkeit, gute Beobachtungsgabe, Impulsivität.

Schwächen
Falls sich der Mars in schwierigen Aspekten zu anderen Planeten befindet oder falls der Mensch eher unbewußt lebt, unter Umständen auch Voreiligkeit, übertriebener Freiheitsdrang oder taktlose Freimütigkeit, dogmatische Überzeugungs- oder Missionierungssucht, Neigung zu Extravaganzen, Beifallssucht.

Gesundheit
Siehe Anmerkung unter Stier.

Steinbock: Motto »Ich leiste!«
Pflichtgefühl, Ehrgeiz, Belastbarkeit, Ausdauer, Starrköpfigkeit, Härte, Verantwortungsbewußtsein. Besondere Beziehung zu Saturn und zum 10. Haus.

Mars in Steinbock: Ausdauernde Energie.

Charakter
Beharrlichkeit im Einsatz kennzeichnen diese Marsstellung (wenn er nicht durch schwierige Aspekte zu anderen Planeten »geschwächt« wird). Die Bemühung um Selbständigkeit ist stark ausgeprägt; es findet eine innere Auseinandersetzung statt zwischen niederen Trieben und höheren Idealen. Diese Menschen sind eher schweigsam. Ihr Motto könnte lauten: »Langsam, aber sicher!« Nach Isabel M. Hickey ist dies »die beste Position für Mars, weil die Saturn-Kraft (des Steinbocks, Anm. d. Autors) die tierische Energie (des Mars, Anm. d. Autors) zügelt und beherrscht.«
(Ich selbst würde übrigens nicht von einer »tierischen«, sondern vielmehr von einer triebhaften Energie sprechen.)

Aufgabe
Es kann leicht zu Problemen mit Vorgesetzten oder Kollegen kommen, weil sich Menschen mit Mars im Steinbock oft wenig gewandt ausdrücken und ihre Vorhaben und Ziele nicht gut erklären können. Also besteht die Aufgabe für diese Menschen darin, sich bewußter auch auf die Erklärungsbedürfnisse und Erwartungshaltungen der Umwelt einzustellen.

Stärken
(Ab-)Sicherungstrieb, Durchsetzungswille, Ehrgeiz, Zähigkeit, Arbeitskraft, Unternehmungsgeist, Selbständigkeit, nüchterner Sinn für die Realität, Tiefgründigkeit.

Schwächen
Falls der Mars ungünstig gestellt ist, sich in schwierigen Aspekten zu anderen Planeten befindet (Opposition, Quadrat, manchmal Konjunktion) oder falls der Mensch eher unbewußt lebt, auch Eigensinn, Selbstüberschätzung, Trotz, Egoismus.

Gesundheit
Siehe Anmerkung bei Stier.

Wassermann: Motto »Ich finde!«
Ideenreichtum, Originalität, Reformbestrebungen, Provokationslust, Realitätsferne, Kühle, Individualismus. Besondere Beziehung zu Uranus und 11. Haus.

Mars in Wassermann: Ungewöhnliche Energie.

Charakter
Hier bricht sich die symbolische Marskraft neue Bahnen, hier erprobt sie Ungewohntes, hier setzt sie sich für Reformen ein. Der Mars stellt im Wassermann Unternehmungslust und Unabhängigkeitsstreben dar. Man gewinnt Freunde durch Offenheit und originelle Fähigkeiten.

Aufgabe
Manchmal sollten Menschen mit dieser Marsstellung lernen, etwas vorsichtiger und nüchterner, abwägender und rücksichtsvoller gegenüber den (zugegebenermaßen oft eingefahrenen) Ansichten der Umwelt zu sein.

Stärken
Freiheitstrieb, Reformwille, Erfindergeist, überlegtes Handeln, Vorliebe für neue Arbeitsmethoden und Gemeinschaftsarbeit, Verfechter eigener Ideen, Originalität im Handeln.

Schwächen
Falls der Mars ungünstig gestellt ist, sich in schwierigen Aspekten zu anderen Planeten befindet (Opposition, Quadrat, manchmal Konjunktion) oder falls der Mensch eher unbewußt lebt, eventuell auch Reizbarkeit, Unbeständigkeit, Oberflächlichkeit, übertriebene Extravaganzen als vermeintlicher Beweis der eigenen Originalität, Neigung zum Widerspruch.

Fische: Motto »Ich glaube!«
Hilfsbereitschaft, Hingabe, Medialität, Mystik, Beeinflußbarkeit, Illusionen, Suchtgefährdung, Einfühlungsvermögen. Besondere Beziehung zu Neptun und zum 12. Haus.

Mars in Fische: Aufopfernde Energie.

Charakter
Die vorwärtstreibende Kraft des Mars kommt in eine Umgebung, die von den empfänglichen, sensitiven und manchmal auch medialen Tendenzen des Zeichens Fische bestimmt wird. Nach außen hin wirken Menschen mit Mars in den Fischen ruhig, sind innen aber oft ruhelos. Die Chancen liegen (entgegen der meist negativen Beurteilung von Mars in diesem Zeichen durch traditionelle Astrologen) darin, daß man die ungestüme Kraft des Willens und die Energie des Selbstausdrucks »verfeinern« und in den Dienst der Selbsterkenntnis und des sozialen oder beratenden Dienstes für andere Menschen stellen kann. Für Musiker gilt diese Marsstellung übrigens als besonders förderlich.

Aufgabe
Tatkraft und Erfolgswille müssen oft gestärkt und vor dem »Ertrinken« in der eigenen Sensibilität und Sensitivität oder auch Faulheit bewahrt werden. In Liebesangelegenheiten bedarf es eines gewissen Durchhaltewillens und der Fähigkeit, auch mit Enttäuschungen fertig zu werden, bevor man zu einer tieferen Erfüllung findet.

Stärken
Abwartetrieb, nachdenklicher Wille, im Hintegrund wirken bzw. in der Stille arbeiten, sozialer Einsatz, schnelle Stimmungswechsel, gastfreundliche Haltung, Interesse am Geheimnisvollen bzw. an Mythologie, Esoterik oder Religion.

Schwächen
Falls sich der Mars in schwierigen Aspekten zu anderen Planeten befindet oder falls der Mensch eher unbewußt lebt, vielleicht auch Neigung zu Suchtgiften und Rauschmitteln, Unbeherrschtheit, mangelnde Durchsetzungsfähigkeit, Unzuverlässigkeit.

Gesundheit
Siehe Anmerkung bei Stier.

Das Zeichen Fische beschließt den Kreis der Sternzeichen. Hier ist unser »Trieb« in »Wartestellung«, bevor er beim Widderzeichen, das den Frühlingspunkt und auch den Wiederbeginn in der Natur bezeichnet, in Aufbruchsstimmung versetzt wird. Siehe auch Mars im Widder.

Mars in den zwölf Häusern

Die zwölf Häuser oder Felder im Horoskop geben Aufschluß darüber, wo, in welchem Lebensbereich des Alltags, sich die Kräfte auswirken. Die Häuserstellung hängt vom möglichst minutengenau festgestellten Zeitpunkt sowie dem Ort der Geburt ab. Danach werden der sogenannte Aszendent und die zwölf Häuser errechnet. Im Rahmen dieses Planetenbuches können wir nur die Bedeutung des Mars in den zwölf Häusern angeben. (Wenn Sie Ihren Aszendenten und die Häuserstellungen noch nicht wissen, können Sie eine Ausrechnung bei einem astrologischen Computerdienst anfordern. Dazu finden Sie im Anhang ein Bestellformular.)
Wiederum zunächst eine Kurzerklärung, was die zwölf Häuser für sich genommen bedeuten. (Diese Erklärung baut ebenfalls teilweise auf einer Bearbeitung der Horoskopkarten auf; siehe Anhang.)

1. Haus – Thema: »Wie trete ich auf?«
Ich, Rollenspiel, Selbstdarstellung, körperliche Erscheinung, physische Vitalität. Die Anlagen des Menschen. Gegenwart. Widder-Mars-Färbung.

Mars im 1. Haus
Einsatzbereitschaft, körperliche Kraft, Risikofreude, Unternehmungslust, Zivilcourage, Ehrgeiz, schnelle Auffassung, Organisationstalent, Selbstvertrauen.
Falls geschwächt: Unüberlegtheit, rücksichtloses Handeln, jähzornig; dann auch Vorsicht vor Verletzungen und Gewaltanwendung.

2. Haus – Thema: »Wo liegt mein Selbstwert?«
Besitz und Werte, Talente, Selbstwertgefühl, verfügbare Mittel, stärkste Wünsche, Begabungen, Geldangelegenheiten, Stier-Venus-Färbung.

Mars im 2. Haus
Nutzen und Gewinn aus eigener harter Arbeit und einsatzfreudigem Unternehmungsgeist; Freigiebigkeit; Besitz muß erkämpft werden.
Falls geschwächt: Neigung zu Verschwendung oder schwankende Besitzverhältnisse; Aufgabe, überlegt mit Besitz umzugehen.

3. Haus – Thema: »Wie erziele ich Aufmerksamkeit?«
Nähere Umgebung, Nachbarn, Geschwister, kurze Reisen, Briefe,

Kommunikation, Wissen, Sprache, Vielseitigkeit, Einstellung auf die Umwelt, Alltag. Zwilling-Merkur-Färbung.

Mars im 3. Haus
Fülle an mentaler Energie, rasche und prägnante Ausdruckweise, bereit zu Auseinandersetzungen, praktische Begabung als Erzieher, viele kurze Reisen.
Falls geschwächt: Streit mit Nachbarn, Verwandten und Geschwistern, auch brieflich; zu impulsives Denken kann schaden; unter Umständen Ungeduld.

4. Haus – Thema: »Wo finde ich Geborgenheit?«
Wir, Familie, Herkunft, Ursprung, Kindheit, Tradition, innere oder äußere Heimat, Heim, Haus, Innenleben, Privatbereich, Grundbesitz, Lebensabend, Vergangenheit, Eltern. Krebs-Mond-Färbung.

Mars im 4. Haus
Kraft und Entschlossenheit, die materiellen und spirituellen Fundamente für das eigenen Leben zu legen.
Ausbruch aus Familie und/oder Tradition. »Gut für Land- und Hausbesitz« (laut Paris, siehe Literaturhinweise).
Falls geschwächt: seelische Belastungen durch Familienstreit, Besitzverlust und/oder Probleme im Alter.

5. Haus – Thema: »Wie lebe ich kreativ?«
Lebensfreude, Kinder, Kreativität, Erotik, romantische Liebe und Affären, Liebhabereien, Spiel, Freizeit, Spekulation. Löwe-Sonne-Färbung.

Mars im 5. Haus
Vorliebe für Vergnügungen, sinnliche Freuden, Liebesaffären, Lust am sportlichen oder künstlerisch-kreativen Ausdruck; Erfindertrieb; ungewöhnliche Ausstrahlung. Bernd A. Mertz (siehe Literaturhinweise) spricht u. a. von Triebstärke, Eifer und Erfolgssucht.
Falls geschwächt: unüberlegt bis tollkühn, hemmungslos, Verluste durch Spekulationen oder Wettgeschäfte, Kräftevergeudung.

6. Haus – Thema: »Wo mache ich mich dienlich?«
Arbeitsplatz, Arbeit, Alltag, Existenzsicherung, sozialer Dienst, Notwendigkeit zur Anpassung, Gesundheit, Ernährung, Dienen, Prüfungen. Jungfrau-Merkur-Färbung.

Mars im 6. Haus
Dynamisch und aktiv im Einsatz in der Arbeit und für Aufgaben, die der Mensch als sinnvoll anerkennt. Intensive Arbeitsfähigkeit bei gutem Einkommen. Allerdings wird einem nichts geschenkt.
Falls geschwächt: Neigung zu Überarbeitung, Irritabilität und Ungeduld bei Berufskollegen und Untergebenen; eventuell Operationen.

7. Haus – Thema: »Bei wem finde ich meine Ergänzung?«
Du, Partnerschaft, Suche nach Ergänzung, Du-Bezogenheit, erste Ehe, persönliche Beziehungen und Abhängigkeiten, Verträge. Waage-Venus-Färbung.

Mars im 7. Haus
Neigung zu hastig geschlossener erster Ehe, Partnerdrang, Intensität in der Liebe, Vorteile durch Heirat, Flirt- und Eroberungstrieb.
Falls geschwächt: fast unüberwindlich scheinende Gegensätze in der Partnerschaft, Trennung von Partnern (durch Scheidung, Tod oder Wohnortwechsel), Probleme mit Verträgen.

8. Haus – Thema: »Wie muß ich mich wandeln?«
Ich-Krise, Tod und Wiedergeburt, Verlust, Prüfungen, Selbsterneuerung, Investitionen, Erbe, gemeinsamer Besitz bzw. Verbindlichkeiten, Sexualität, Macht. Skorpion-Pluto-Färbung.

Mars im 8. Haus
Geldgewinn durch Erbe, persönliche Beziehung bzw. Partnerschaft oder Teilhaberschaft; stark ausgeprägte Sexualkraft; Bereitschaft, Probleme offen anzugehen.
Falls geschwächt: Streit mit Partner(n) über Geld; Schwierigkeiten mit Erbschaften; Vorsicht vor Gebrauch oder gar Mißbrauch aller medialen Phänomene und Kräfte.
Viele Astrologen sprechen davon, daß diese Marsstellung auf die Gefahr eines plötzlichen oder gewaltsamen Todes hinweise.

9. Haus – Thema: »Wo finde ich meinen Sinn?«
Neue Horizonte, Ideale und geistige Ziele, Religion, Gottesbild, Wahrheitssuche, Freiheitsstreben, Gesetz, große Projekte, fernes Ausland, weit gespannter Austausch. Zweite Ehe. Schütze-Jupiter-Färbung.

Mars im 9. Haus
Unternehmungslust und Entdeckergeist, weite Reisen, Kampf für

Recht und Gesetz, unabhängige Gesinnung, energisches Eintreten für die eigenen Überzeugungen.
Falls geschwächt: religiöser Dogmatismus oder Fanatismus, Prozesse, ruheloser Geist.

10. Haus – Thema: »Wie werde ich erfolgreich?«
Beruf und Berufung, persönliche Entfaltung, öffentliches Auftreten, Autorität und Karriere, Selbstverwirklichung in der Gesellschaft, Prestige, Anerkennung, Stellung. Steinbock-Saturn-Färbung.

Mars im 10. Haus
Ehrgeiz, Erfolgsstreben, schnelles Handeln, gute Aufstiegschancen, ständige Bewegung (= Veränderung) im Berufsleben; Vertrauen in die eigenen Kräfte.
Falls geschwächt: Selbstüberschätzung, Rückschläge durch eigene Fehler, Anfeindungen, mangelhafte Anerkennung durch Vorgesetzte.

11. Haus – Thema: »Wo finde ich Inspiration?«
Hoffnungen, Wünsche, Freundeskreis, Gruppen bzw. Gemeinschaft, persönliche Freiheit und soziales Denken, Reformstreben, Zukunftsvisionen, die dritte Ehe. Wassermann-Uranus-Färbung.

Mars im 11. Haus
Gute gesellschaftliche Beziehungen, Energien werden auf soziale Ziele oder höhere Ideale gerichtet; bisweilen Freunde mit heftigem Charakter.
Falls geschwächt: falsche Freunde, Verführung oder Schaden durch Freunde, schlechte soziale Beziehungen. Die Aufgabe bestünde dann darin zu lernen, »nein« zu sagen.

12. Haus – Thema:» Wie finde ich Erlösung?«
Innenwelt, Jenseits, Verborgenes, Mystik, Meditation, Gebet, Auflösung von Grenzen, Sehnsucht nach Sinn, Opferbereitschaft, Rückzug, Schatten, Behinderungen, verborgene Feinde, Zukunft. Fische-Neptun-Färbung.

Mars im 12. Haus
Bereitschaft und Fähigkeit, sich für andere Menschen einzusetzen, tiefes Gemütserleben und intensive Gefühlsreaktionen; solche Menschen mögen »milde« und »harmlos« erscheinen, können aber unerbittlich sein, wenn man sie sich zu Feinden gemacht hat.

Falls geschwächt: verborgene Feinde, falsche Anklagen; eine Lernaufgabe besteht darin, Gefühle nicht zu unterdrücken und zu verdrängen, sie aber auch nicht aggressiv vorzubringen.

Mars in Beziehung zu den anderen Planeten

Der Mars symbolisiert eine bestimmte Kraft, die übrigen Planeten andere Kräfte. Wie diese Kräfte aufeinander wirken, ergibt sich durch die sogenannten Aspekte. Das sind Winkelbeziehungen zwischen Planeten – also ob sich diese genau gegenüber stehen oder ganz dicht beieinander und so fort.

Stellen Sie sich vor, Sie sitzen dicht neben Ihrem Partner auf einer Bank am Waldesrand oder gehen zusammen spazieren und blicken eng aneinandergeschmiegt in derselben Richtung auf die Landschaft. Das ist eine besondere »Winkelbeziehung«, nämlich eine Konjunktion – allerdings eine sehr erfreuliche.

Wenn Sie sich nun in enger Umarmung direkt gegenüberstehen oder zueinander gewandt eng umschlungen liegen, so ist das eine andere »Winkelbeziehung«, nämlich eine Opposition – ebenfalls eine meist sehr erfreuliche.

Was ist indes, wenn Sie dicht an dicht neben wildfremden oder Ihnen sogar unsympathischen Menschen in der U-Bahn stehen und sie alle wie gebannt darauf warten, daß sich Tür endlich öffnet und Sie aussteigen können? Das ist auch eine »Konjunktion«, jedoch eine weniger erfreuliche.

Ein typisches Beispiel für eine unerfreuliche »Opposition« wäre ein Boxkampf, bei dem sich zwei Menschen direkt gegenüberstehen, allerdings bereit, sich gegenseitig zu verletzen.

Es gibt zahllose weitere Beispiele für die Wirksamkeit der Winkelbeziehungen bzw. Aspekte, wie sie in der Astrologie verwandt werden. An dieser Stelle nur noch eines: Probieren Sie doch einmal aus, ob Sie beim gemütlichen Plaudern mit Freunden am Nachmittag sich lieber gegenüber oder nebeneinander sitzen, lieber »über Eck« (also im »Quadrat«) oder leicht versetzt (im »Sextil« oder im »Trigon«). Sie werden staunen, wieviel es ausmacht, in welchem Winkel zu anderen Menschen Sie sitzen!

Aspekte sagen also etwas darüber aus, wie sich die Planetenkräfte gegenseitig beeinflussen. Wenn es keinen Kontakt zwischen den einzelnen Planeten gibt, so heißt das, daß diese Planeten nichts oder nicht viel miteinander zu tun haben.

Übersicht zu den wichtigsten Aspekten

Zunächst eine kurze Information, was Aspekte sind, welche Aspekte es gibt und welche für uns wichtig sind.

Im Horoskopkreis sind mit farbigen oder schwarzen Strichen zwischen den Planetensymbolen sogenannte Aspekte vermerkt. Auf den Horoskopblättern finden Sie mit oder ohne kleine Winkelsymbole weitere Angaben zu den Aspekten abgedruckt. Aspekte, das sind die Winkelbeziehungen der Planeten zueinander. Die Gradzahlen dieser Winkel geben Aufschluß darüber, ob und – falls ja – wie die jeweiligen Planetenkräfte aufeinander wirken, ob sie harmonieren oder herausfordern, antreiben oder beruhigen etc.

In der Astrologie geht man davon aus, daß die Aspekte, die mit ganz bestimmten Winkeln, in Beziehung stehen, eine besondere Bedeutung besitzen. Es sind dies die Winkelwerte, die sich ergeben, wenn man den Horoskopkreis von 360 Grad nacheinander genau durch 1, 2, 3, 4, 5, 6 usw. teilt.

Wenn im Horoskopkreis von 360 Grad zwei Planeten genau an derselben Stelle stehen, nennt man das eine Konjunktion. (Der Horoskopkreis wird durch 1 geteilt.) Stehen sich zwei Planeten genau gegenüber, verwenden wir den Begriff Opposition. (Dabei wird der Horoskopkreis von 360 durch 2 geteilt, wir haben einen 180-Grad-Winkel.)

Konjunktion 0 Grad = 360 : 1

Konzentration von Kräften, die je nach Planeten Spannung oder Kraftverstärkung bedeutet. Aktivität, Wirksamkeit; Berührung!

Die Konjunktion ist ein sehr starker Aspekt. (6–8 Grad)

Opposition 180 Grad = 360 : 2

Polare Spannung, die zur bewußten Klärung herausfordert; »Begegnungsaspekt«. Bewußtheit, Erkenntnis, Gegenüberstellung.

Die Opposition ist ein starker Aspekt. (6–8 Grad)

Trigon 120 Grad = 360 : 3

Ausgleichende Synthese (die auch träge machen kann); »Produktivitätsaspekt«. Schöpfung, Gestaltung; Harmonie.

Das Trigon ist ein mittelstarker Aspekt. (5–6 Grad)

Quadrat 90 Grad = 360 : 4

Spannung, die zum konstruktiven Umgang auffordert; »Herausforderungs- oder Widerstandsaspekt«. Aufbau, Konstruktion.

Das Quadrat ist ein starker Aspekt. (5–6 Grad)

Quintil 72 Grad = 360 : 5
Kunstsinn und künstlerisches Können, schöpferische Transformation.
Das Quintil ist ein schwacher Aspekt. (2 Grad)

Sextil 60 Grad = 360 : 6
Harmonischer Aspekt, der eigene Kreativität verlangt bzw. anregt; »Neigungsaspekt«. Heißt auch »kleines Trigon«. Erzeugung, Werk; unbeschwerte Freude.
Das Sextil ist ein mittlerer bis schwächerer Aspekt. (4–5 Grad)

Halbsextil 30 Grad = 360 : 12
Ambivalent; schwächer und bisweilen »schwieriger« als Sextil. Intimität!
Das Halbsextil ist ein schwacher Aspekt. (3–4 Grad)

Quincunx 150 Grad = 360 : 3 x 5
Ambivalent; »Entscheidungs-« oder »Sehnsuchtsaspekt«. Klärung, Bewußtwerdung.
Das Quincunx ist ein mittlerer bis schwächerer Aspekt. (4–5 Grad)

Halbquadrat 45 Grad = 360 : 8
Ähnlich wie Quadrat, aber meist schwächer. Aktivität; schöpferische Transformation von Spannungskräften.
Das Halbquadrat ist ein mittlerer bis schwächerer Aspekt. (3–4 Grad)

Nonagon 40 Grad = 360 : 9
Schöpfung, Gestaltung, Abschluß von Zyklen, Vorbereitung auf Durchbruch zu neuen Dimensionen.
Das Nonagon ist ein schwacher Aspekt. (2 Grad)

Nicht aspektierter Planet
Wenn ein Planet keinerlei Verbindung zu mindestens einem anderen Planeten (oder zu mindestens einer wichtigen Achse – Aszendent-Deszendent, Medium coeli-Imum coeli, Mondknotenachse) aufweist, also nicht mit einem der starken oder mittleren Aspekte verbunden ist, so sprechen die Astrologen von einem »isolierten« Planeten. Die durch den betreffenden Planeten repräsentierte Kraft wirkt wie isoliert; man muß sie bewußt integrieren lernen.

Dieser »Nicht-Aspekt« gilt als mittelstark.
Unter den jeweiligen Namen der Aspekte finden Sie Hinweise wie »stark«, »mittel« oder »schwach«. Es gilt aber auch: je weiter der Aspekt von der gradgenauen Winkelbeziehung entfernt ist, desto schwächer wird er wirken.
Über den »Orbis«, also den Umkreis, wie weit ein Aspekt noch wirkt, wenn die Winkel nicht genau sind, gibt es unter Astrologen unterschiedliche Meinungen. Bei Sonne und Mond geht man von einem größeren Umkreis aus (plus 2 Grad vom Mittelwert), bei den langsamen Planeten wie Neptun und Pluto von weniger (minus 1–2 Grad vom Mittelwert). Bei starken Aspekten läßt man gleichfalls einen größeren Umkreis gelten, bei schwachen Aspekten einen kleineren. Die Zahlen in Klammern spiegeln meine persönliche Ansicht wider und befinden sich im Vergleich zur astrologischen Fachmeinung etwa im Mittelfeld.
Für unsere Zwecke hier reicht die Aufteilung in drei Beziehungsmuster des Mars zu den anderen Planeten, und zwar Energieaspekte (= Konjunktionen), Herausforderungsaspekte (= Oppositionen und Quadrate), Förderungsaspekte (= Trigone und Sextile).
Wir unterscheiden in der Astrologie zwischen Aspekten des Mars im Geburtshoroskop zu anderen Planeten im Geburtshoroskop, die eine Grundlage für Charakter und Schicksal bilden, und solchen Aspekten, die sich im Verlauf des Lebens zwischen den laufenden Planeten und dem Mars im Geburtshoroskop ergeben. Diese Aspekte zwischen den laufenden Planeten und dem Geburts-Mars sind sogenannte Transite, die sich als zeitlich begrenzte Tendenzen, Herausforderungen und Chancen bemerkbar machen.
Die Aspekte der Planeten zum Mars in Ihrem Geburtshoroskop entnehmen Sie bitte Ihrem eigenen Horoskopbild bzw. -blatt. (Wenn Sie noch kein eigenes Horoskop besitzen, können Sie es zum Beispiel bei Astrodata anfordern; siehe Bestellformular am Schluß des Buches.)
Zur Ermittlung der Transite des Mars oder zum Mars schauen Sie zuerst in der Marstabelle auf Seite 122 ff. nach, wo der Mars bei Ihrer Geburt stand. Danach blicken Sie in den Planetenkalender von 1994 bis 2000 bei der Eintragung für den entsprechenden Monat, den Sie suchen.

Eine Anmerkung: Bei den Herausforderungsaspekten nenne ich nur die »schwierigen« Themen. Das heißt natürlich nicht, daß diese Aspekte nur negativ seien! Bitte bedenken Sie das, bevor Sie vorschnelle Schlüsse ziehen.

Aspektdeutungen
Zu Ihrer Orientierung folgen bei den Aspekten zunächst Stichworte zum jeweiligen Planeten.

Mars/Sonne: Wille und Trieb
Sonne: Betont im Zeichen Löwe und im 5. Haus. Lebensziel, Selbst, Vitalität, Selbstverwirklichung, Bewußtheit, der Mann. Falls geschwächt: möglicherweise Passivität, Hyperaktivität, Selbstüberschätzung.

Kombination von Mars/Sonne allgemein:
Emporkommen durch eigene Kraft, Ehrgeiz, Führungswille.

Energieaspekt Konjunktion Mars/Sonne:
Vitalität, Lebenskraft, Wunschstreben, Freiheitsdrang, Aufregung, männliche Bezugspersonen.

Förderungsaspekte Trigon/Sextil Mars/Sonne:
Individualität, Durchsetzungskraft, Enthusiasmus; die Triebkraft wird in den Dienst des Lebenswillens und des Geistes gestellt.

Herausforderungsaspekte Opposition/Quadrat Mars/Sonne:
Konflikt zwischen Verantwortung und Freiheit, Führeranspruch und Unabhängigkeit, Vermeidung und Konfrontation.

Mars/Mond: Leidenschaft und Mut
Mond: Betont in Krebs und im 4. Haus. Seelisches, Gefühle, Vertrauen, Hingabe, Mütterliches, die Frau. Falls geschwächt: eventuell Gefühlshemmung, Ungeborgenheit, Launenhaftigkeit.

Kombination von Mars/Mond allgemein:
Innere Spannungen; seelische Energien.

Energieaspekt Konjunktion Mars/Mond:
Intensive Emotionen und Passionen, Gefühlsaufregungen, Auseinandersetzung mit Mutter oder Frau.

Förderungsaspekte Trigon/Sextil Mars/Mond:
Tatkräftig schützende und nährende Energie, die Gefühlsbedürfnisse annimmt; erotische Erregung, Sex-Appeal.

Herausforderungsaspekte Opposition/Quadrat Mars/Mond:

Konflikt zwischen Abhängigkeit und Unabhängigkeit, Reaktion und Initiative, Festhalten und Loslassen.

Mars/Merkur: Denken und Aktivität
Merkur: Betont in Zwillinge, Jungfrau sowie im 3. und im 6. Haus. Intellekt, Kommerzielles, Austausch, Sprache, Nachrichten, Wendigkeit, Lernfähigkeit. Falls geschwächt: unter Umständen Kontaktprobleme, Geschwätzigkeit, Kopflastigkeit.

Kombination von Mars/Merkur allgemein:
Erfolge durch Entschlossenheit; druckvolle Kommunikation.

Energieaspekt Konjunktion Mars/Merkur:
Neugier, rasche Auffasung und schnelle Entscheidungen, Ruhelosigkeit, ehrgeizige Pläne schmieden.

Förderungsaspekte Trigon/Sextil Mars/Merkur:
Fähigkeit zur Artikulation; Initiativen starten, die auch verfolgt und durchgesetzt werden; im Wettbewerb bestehen.

Herausforderungsaspekte Opposition/Quadrat Mars/Merkur:
Konflikte zwischen Denken und Tun, Bedachtsamkeit und Spontaneität, Überlegung und Geschwindigkeit.

Mars/Venus: Bereitschaft und Drang
Venus: Betont in Stier und Waage sowie im 2. und 7. Haus. Harmoniebedürfnis, Sinnlichkeit, Nähe, weibliche Libido, Beziehungsfähigkeit, Zärtlichkeit, Ästhetik, Kunst. Falls geschwächt: Scheinharmonie, Konsumhaltung, Narzissmus, Trägheit.

Kombination von Mars/Venus allgemein:
Liebestrieb, Sinnlichkeit, Empfindlichkeit.

Energieaspekt Konjunktion Mars/Venus:
Intimität, Eros und Sexus, sich einfügen können oder Konfrontation, Sehnsüchte, Rivalitäten.

Förderungsaspekte Trigon/Sextil Mars/Venus:
Ausgleich zwischen Aktionen und Reaktionen, Harmonie zwischen Geben und Nehmen sowie Anpassung und Selbstbehauptung; gesundes Verhältnis zwischen Erotik und Sexualität.

Herausforderungsaspekte Opposition/Quadrat Mars/Venus:
Konflikte zwischen Weiblich und Männlich, Passiv und Aktiv, Altruismus und Egoismus, Nähe und Unabhängigkeit, Liebe (Venus) und Sex (Mars).

Mars/Mars: Trieb und Tat
Die Konstellation Mars zu Mars kann nur beim Vergleich zwischen dem Stand des Mars im Geburtshoroskop mit dem Stand des Mars zu einem späteren Zeitpunkt (»Transit«) auftauchen oder im Vergleich von Partnerschaftshoroskopen.
Mars: Betont in den Zeichen Widder und Skorpion sowie im 1. und im 8. Haus. Er steht für die Qualitäten Initiative, Energie, Triebkraft, für den »Yang«-Aspekt der Libido (nicht nur für männliche Libido!), also für drängende oder gebende Liebe, Aktivität, Durchsetzungsfähigkeit und Risikobereitschaft. Falls der Mars geschwächt ist, steht er für Ungeduld, Aggression und Rücksichtslosigkeit oder sogar für Konfliktscheu.

Energieaspekt Konjunktion Mars/Mars:
Energieballung mit allen positiven und negativen Folgen (in Feuerzeichen wie zwei Vulkane dicht nebeneinander); enormer Durchsetzungswillen oder Kampfbereitschaft.

Förderungsaspekte Trigon/Sextil Mars/Mars:
Harmonische Kraftverstärkung, Ergänzung von einander verwandten Energien, geordnete Zielstrebigkeit.

Herausforderungsaspekte Opposition/Quadrat Mars/Mars:
Konflikt zwischen unterschiedlichen Selbstwertansichten, Unverständnis der Triebbedürfnisse des anderen und deshalb Streit.

Mars/Jupiter: Leistung und Gewinn
Jupiter: Betont in Schütze und im 9. Haus. Sinnbedürfnis, Optimismus, Glaube, Ganzheitlichkeit, Erkennntis, Weisheit, Lebenssinn. Falls geschwächt: Überheblichkeit, überzogene Erwartungen, Ausschweifungen.

Kombination von Mars/Jupiter allgemein:
Erfolgreiches Schaffen, glückliche Entscheidungen, gewinnbringende Unternehmungen; laut Reinhold Ebertin auch Verlobung, Heirat, Geburten.

Energieaspekt Konjunktion Mars/Jupiter:
Unabhängigkeit, Mut, Ehrgefühl (bis Stolz), Erfolgsorientierung bei großem Einsatz, Eintreten für Ideale.

Förderungsaspekte Trigon/Sextil Mars/Jupiter:
Persönliche Wünsche und Bedürfnisse anderer Menschen sowie ethische Erwägungen werden miteinander ausgeglichen.

Herausforderungsaspekte Opposition/Quadrat Mars/Jupiter:
Konflikte zwischen Jetzt und Später, zwischen Eigenwillen und Verständnis für andere.

Mars/Saturn: Energie und Widerstand
Saturn: Betont in Steinbock und im 10. Haus. Sicherheit, Struktur, Pflichtgefühl, Leistungsbereitschaft, Konzentration, Begrenzung, Verantwortung. Falls geschwächt: Sturheit, Geiz, Härte, Ängste, Kontrollzwang, Beschränkung.

Kombination von Mars/Saturn allgemein:
Gehemmte oder konzentrierte Lebenskraft sowie Herausforderung zur Überwindung von Widerständen; Energiezunahme parallel zur Meisterung von Problemen.

Energieaspekt Konjunktion Mars/Saturn:
Macht, Autorität, Beherrschung, Pflicht, Schuldgefühle, Strafe, Anstrengung, Tradition, Ehrfurcht; (älterer) Mann oder Vater.

Förderungsaspekte Trigon/Sextil Mars/Saturn:
Persönliche Wünsche können harmonisch auf Verantwortlichkeiten abgestimmt werden; gesicherte Strukturen, die doch genügend Entwicklungs- und Spielraum lassen.

Herausforderungsaspekte Opposition/Quadrat Mars/Saturn:
Konflikte zwischen Ego und Umwelt, zwischen Individuum und Gesellschaft, zwischen Impulsivität und Vorsicht.

Mars/Uranus: Ansporn und Überraschung
Uranus: Betont in Wassermann und im 11. Haus. Intuition, Originalität, Individualisierung, Erneuerung, Freiheits- und Reformstreben, Kreativität, Toleranz, Plötzlichkeit. Falls geschwächt: Angst vor Risiken, Unberechenbarkeit, Exzentrik, Unbeweglichkeit.

Kombination von Mars/Uranus allgemein:
Plötzliche Energieausbrüche, Eigenwilligkeit, ungewöhnliche Leistungen.

Energieaspekt Konjunktion Mars/Uranus:
Freiheitstrieb, Originalität(ssucht?), energische Suche nach der eigenen Identität; Trennung von männlichen Personen.

Förderungsaspekte Trigon/Sextil Mars/Uranus:
Aktion und Intellekt verbinden sich günstig, Selbstwertgefühl und Anerkennung der Gleichheit aller Menschen, Reforminteresse.

Herausforderungsaspekte Opposition/Quadrat Mars/Uranus:
Konflikte zwischen Individuum und Gruppe, zwischen Führungsanspruch und Fähigkeit zu folgen, zwischen Intensität und Unpersönlichkeit.

Mars/Neptun: Tat und Vision
Neptun: Betont in Fische und im 12. Haus. Einfühlung, Hingabe, Ahnungen, Träume, Verschmelzungsbedürfnis, Auflösung, Friede, Meditation, Vertrauen, Weichheit.
Falls geschwächt: Illusion, Realitätsflucht, Antriebsschwäche, Opfer-Helfer-Syndrom.

Kombination von Mars/Neptun allgemein:
Eingebungen, phantasievolle Pläne, Hilfe zur rechten Zeit.

Energieaspekt Konjunktion Mars/Neptun:
Tatkraft, die aus dem Unbewußten gespeist wird; Träume wahrmachen wollen; schwankende Orientierung im Leben; moralischer Mut; sensitive Libido.

Förderungsaspekte Trigon/Sextil Mars/Neptun:
Ausgleich von individuellen und kollektiven Bedürfnissen sowie von Selbstdarstellungsdrang und Anpassungsbereitschaft; außenbezogene Direktheit und gleichzeitig innen erlebte Transzendenz.

Herausforderungsaspekte Opposition/Quadrat Mars/Neptun:
Konflikt zwischen Eigensucht und Opferbereitschaft, zwischen Anerkennungsdrang und Zurückgezogenheit, zwischen dem Schwert und der Feder, zwischen Jetzt und dem Zeitlosen.

Mars/Pluto: Instinkt und Macht
Pluto: Betont in Skorpion und im 8. Haus. Leitbild, Wandlung, Überwindung von Ängsten und Zwängen, Machtstreben, Sexualität, Magie, Tod und Wiedergeburt. Falls geschwächt: Abwehr, Machthunger, Fanatismus, Opferrolle, Abhängigkeit vom Kollektiv.

Kombination von Mars/Pluto allgemein:
Übermenschlich erscheinende Kräfte; Erfolge durch übermäßige Anstrengungen.

Energieaspekt Konjunktion Mars/Pluto:
Machtwillen, Machtkämpfe (vor allem mit männlichen Personen oder mit einem Kollektiv), Gewalttätigkeit, Schmerz, Wut, Sexualität, Drama.

Förderungsaspekte Trigon/Sextil Mars/Pluto:
Fähigkeit, langfristige Strategien zu entwickeln und durchzuhalten; Nutzung von allgemeinen Entwicklungstendenzen in der Gesellschaft durch das Individuum.

Herausforderungsaspekte Opposition/Quadrat Mars/Pluto:
Konflikt zwischen Vergangenheit und Zukunft, Anfang und Ende, Freiheit und Bindung, Aufbau und Zerstörung.

Mars/Mondknotenachse: Triebkraft und Schicksal
Aufsteigender Mondknoten:
Heißt auch »Drachenkopf«. Steht für Zukunftsorientierung, neue Aufgaben, Entwicklungswege, neue karmische Herausforderungen und Chancen. Nach B. A. Mertz ähnlich wie Jupiter/Sonne.

Absteigender Mondknoten:
Heißt auch »Drachenschwanz«. Steht für Vergangenheitsbindungen, Gewohnheitsmuster, Fluchtwege, ungelöstes »altes« Karma. Nach Mertz Qualität ähnlich wie Saturn/Mond.

Kombination von Mars/Mondknotenachse allgemein:
Zusammenarbeit, Verbindungstrieb, Einsatz zur Bewältigung der Lebensaufgaben.

Konjunktion des aufsteigenden Mondknotens mit Mars:
Tatkraft und Entschlossenheit, sich neuen Aufgaben zu widmen.

Konjunktion des absteigenden Mondknotens mit Mars:
Auseinandersetzung mit alten, noch nicht bewältigten Problemen.

Trigon/Sextil mit Mars:
Konstruktiver Einsatz bei der Lösung alter und der Meisterung neuer karmischer Aufgaben.

Quadrat mit Mars:
Schwierigkeiten, den Ichwillen und die karmischen Lebensaufgaben miteinander in Einklang zu bringen.
(Die Mondknoten sind exakt gegenüber, deshalb ist die Konjunktion mit dem einen gleichzeitig die Opposition zum anderen.)

Mars/AC-DC-Achse: Triebkraft und persönliche Beziehungen
Die Achse Aszendent–Deszendent ist das persönlichste Element in jedem Horoskop. Alle vier Minuten rückt der symbolische Tiermeßkreis einen Grad auf dem 360-Grad-Rund weiter. Deshalb kann eine auch nur um wenige Minuten falsche Uhrzeitangabe für die Geburt im Horoskop einen großen Unterschied machen.
Ein Beispiel dafür: Wenn die Angabe von 4.50 Uhr zu einem Aszendenten von 28 Grad Zwillinge führt, später aber herauskommt, daß die richtige Uhrzeit der Geburt 5.10 Uhr gewesen ist, so liegt der Aszendent dann bei 3 Grad Krebs.

Der Aszendent (AC) symbolisiert das Ich, das Selbstbild, die »Persona« des Horoskopinhabers.

Der Deszendent (DC) symbolisiert das persönliche Du, die Begegnung mit unmittelbaren Partnern und die eigene Einstellung sowie Projektionen auf das Du.

Kombination von Mars/AC-DC allgemein:
Willensausrichtung mehr auf sich selbst (AC) oder mehr auf ein Du (DC).

Konjunktion Mars/AC:
Kämpferische Einstellung zum Leben; sich mit großer Energie durchsetzen, Ich-Wille.

Trigon/Sextil Mars/AC-DC:
Ausgewogene Haltung zu Ich-Ansprüchen und Eingehen auf ein Du.

Quadrat Mars/AC-DC:
Streit oder mitunter Fehlschläge durch voreiliges Handeln in Beziehungen. Fällt oft mit der MC-IC-Achse zusammen.

Konjunktion Mars/DC:
Starke Ausrichtung auf das Du; Zuwendungs-Ansprüche bzw. Energie-Erwartungen an und Projektionen auf den Partner.

Opposition Mars/Aszendent ist dasselbe wie Konjunktion Mars/Deszendent. Das Quadrat von Mars zu Deszendent entspricht dem Quadrat von Mars zu MC. Trigon/Sextil von Mars zu Deszendent entspricht Trigon/Sextil von Mars zu Aszendent.

Mars/MC-IC-Achse: Triebkraft und soziale Stellung
Die MC-IC-Achse geht mehr oder weniger senkrecht durch das Horoskop. Sie richtet sich sowohl nach der Geburtszeit als auch nach dem Geburtsort.

MC (Medium Coeli) = Sonnenhöchststand, südlichster Punkt im Horoskop. Äußere Stellung oder Bestimmung im Leben, Erwartungen von Familie oder Gesellschaft. »Man!« Qualität oft wie 10. Haus.
IC (Immum Coeli) = Sonnentiefststand, nördlichster Punkt im Horoskop. Herkunft, innere Heimat oder »Karma«. Gewohnheiten sowie innere Verwirklichung. »Wir!« Qualität oft ähnlich wie 4. Haus.

Kombination von Mars/MC-IC allgemein:
Willensausrichtung mehr auf öffentliche Stellung (MC) oder mehr auf private Interessen (IC).

Konjunktion Mars/MC:
Entschlossener Einsatz für berufliches Fortkommen und soziale Position, Impulsivität in der Öffentlichkeit bzw. im Beruf.

Trigon/Sextil Mars/MC-IC:
Abgewogener Einsatz und Zielstrebigkeit, Aufstieg, Organisationstalent; Ausrichtung auf Außenwelt.

Quadrat Mars/MC-IC:
Streit oder mitunter Fehlschläge durch voreiliges Handeln im beruflichen Leben.
Fällt oft mit der AC-DC-Achse zusammen.

Konjunktion Mars/IC:
Energien sind mehr auf Heim und Heimat bzw. das eigene Innenleben gerichtet als auf die Außenwelt.

Die Opposition von Mars zu MC entspricht der Konjunktion mit IC. Das Quadrat von Mars zu IC ist dasselbe wie das Quadrat von Mars zu MC. Trigon/Sextil von Mars zu IC entspricht Trigon/Sextil von Mars zu MC.

Mars in der Liebe

»Du fragst mich Kind, was Liebe ist?
Ein Stern in einem Haufen Mist.«
Heinrich Heine

Das Thema Liebe verdient meines Erachtens nach, wenigstens kurz gesondert erwähnt zu werden. Die folgenden Bemerkungen stellen keinerlei Festlegungen und/oder Beschränkungen dar, sondern sollen Sie dazu ermuntern, sich selbst über die Marsenergie in Ihrem Liebesleben Gedanken zu machen.
Der Planet Mars entspricht in der Liebe dem Wunsch nach Erregung, Liebeswagnissen und nach energischer Verfolgung der eigenen Absichten.

Mars in Widder weist auf Eroberungsdrang und (berechtigten?) Stolz auf die erotischen Erlebnisse hin. Viel Interesse für neue Begegnungen.

Mars in Stier genießt gern ausgiebig und geruhsam. Die marsische Libido und die venusische Sinnlichkeit des Stiers können eine glückliche Verbindung eingehen.

Mars in Zwillinge flirtet gern, kann recht charmant sein und hat erkannt, daß das Gehirn – also die Vorstellung und Phantasie – die größte erogene Zone darstellt.

Mars in Krebs liebt eine gefühlvolle Atmosphäre; man will sich sowohl richtig verstanden wissen als auch familiär aufgenommen fühlen.

Mars in Löwe ist großzügig und warmherzig sowie leidenschaftlich in der Liebe, allerdings manchmal auch übermäßig ichbezogen.

Mars in Jungfrau strebt »ordentliche« Verhältnisse an. Man setzt sich gern für den Partner ein, mit einer gewissen Neigung zu Projektionen, »Aufopferung« und daraus resultierenden Ansprüchen.

Mars in Waage stellt wiederum eine Verbindung zwischen der Marsenergie und der Venusqualität dar, ähnlich wie bei Stier. Hier äußert sich das jedoch noch sensibler, ästhetischer, aber auch mit einer Tendenz zu Luxus.

Mars in Skorpion symbolisiert bewegte Leidenschaften und ungestüme Liebesinteressen. Da muß der Partner/die Partnerin sich schon gewachsen zeigen, um auf die Dauer bestehen zu können.

Mars in Schütze sucht nach einem gemeinsamen Ideal, unter dem die Liebe gedeihen soll bzw. kann. Bisweilen macht sich hier ein Freiheitsdrang (= Trennungsdrang) bemerkbar.

Mars in Steinbock möchte sicheren Boden unter den Füßen haben und läßt sich vorzugsweise nur auf reale und überschaubare Verbindungen und Beziehungen ein.

Mars in Wassermann strebt bewußt oder unbewußt nach dem Ungewöhnlichen und Originellen in der Liebe und der Partnerschaftsbeziehung.

Mars in Fische weiß manchmal gar nicht so recht, wie er überhaupt in seine derzeitige Liebesbeziehung hineingekommen ist – oder wieder herauskommt (falls er das will)!

Marskalender von 1994 bis 2000

In diesem Abschnitt finden Sie bildhafte Übersichten zum Lauf der Planeten während eines Vierteljahres. Diese Grafiken sollen dazu dienen, daß Sie auf einen Blick erkennen können, wo sich die Planeten jeweils befinden und welche Aspekte zu erwarten sind zwischen den laufenden Planeten und Ihrem Mars sowie unter den laufenden Planeten selbst.

Tragen Sie deshalb auf jedem Horoskopbild Ihre Marsposition deutlich ein. Falls Sie kein ausgedrucktes Horoskop mit allen Angaben besitzen, können Sie Ihre Marsposition in der Tabelle ab Seite 122 nachschauen.

Die Übersichten sind folgendermaßen aufgebaut:

- In der Mitte steht, für welche Zeit die Grafik gilt.
- Im Ring stehen die Namen der Tierkreiszeichen. Sie finden Markierungen für jeweils 30 Grad.
- Vollmond und Neumond sind als Kreise notiert; der leere Kreisring steht für Vollmond, der vollschwarze Kreis für Neumond. Die Zahlen geben das Datum an.
- Innerhalb des Rings mit den Tierkreiszeichen finden Sie die Bahnen für Sonne, Merkur, Venus und Mars.
- Innerhalb (falls der Platz reicht) oder außerhalb sind die Planetenstände von Jupiter und Saturn vermerkt sowie die beiden Mondknoten.
- Immer außerhalb des Rings mit den Tierkreiszeichen finden Sie Uranus, Neptun und Pluto.
- Wenn ein Pfeil »gegen« den Tierkreis zeigt, ist der Planet »rückläufig« (was manchen Astrologen entweder als innen-bezogen, vertieft oder gehemmt gilt). Die Mondknoten laufen bekanntlich immer »rückwärts«.
- Wenn kein Pfeil markiert ist, bleibt der betreffende Planet in diesem Zeitraum auf einer Stelle.
- Ende und Spitze der Pfeile geben die Planetenposition am ersten und am letzten Tag des jeweiligen Vierteljahres an.

Wir haben keine Gradzahlen in diese Grafiken eingetragen, damit sie so übersichtlich wie möglich bleiben. Sie können die Gradzahlen an-

hand der Markierungen selbst ablesen: der Anfang eines Tierkreiszeichens ist immer 0 Grad, das Ende 30 Grad.
Und so können Sie die Übersichten praktisch gebrauchen:

Wichtige Aspekte der laufenden Planeten zu Ihrem Mars
Tragen Sie in jeder Viertelsjahres-Grafik die Position Ihres Mars ein. Sie finden diese Position auf 1–2 Grad genau in der Tabelle ab Seite 122.

Wichtige Aspekte der laufenden Planeten untereinander
Konjunktion (0 Grad), Opposition (180 Grad), Quadrat (90 Grad) und Trigon (120 Grad) gelten als die wichtigsten Aspekte. Bei Beteiligung von Jupiter, Saturn, Uranus, Neptun, Pluto und Mondknoten kann man das Sextil (60 Grad) noch dazurechnen.
Sie können anhand der 30-Grad-Markierungen innerhalb der zwölf Tierkreiszeichen die Aspekt-Abstände selbst ablesen.

Ausgewählte Aspekte zwischen dem laufenden Mars und den anderen Planeten sind unterhalb der Übersichten speziell vermerkt.
Für alle Aspekte zwischen Geburtsplaneten und laufenden Planeten sowie für die Aspekte der laufenden Planeten untereinander trifft zu, daß sie ihre »Wirkung« nicht unbedingt an dem Tag entwickeln, an dem der Aspekt exakt wird, also genau die Gradzahl 0, 90, 120 etc. einnimmt, sondern auch früher und/oder später. Persönlich unterschiedlich kann sich ein Aspekt schon bei 5–10 Grad Abstand der Planeten bemerkbar machen oder erst bei 1–2 Grad.
Allgemein kann man sagen, daß

- Aspekte von Sonne, Mond, Merkur, Venus und Mars untereinander nur einen oder wenige Tage wirken;
- Aspekte von Sonne, Mond, Merkur, Venus und Mars zu Jupiter, Saturn, Uranus, Neptun, Pluto und den Mondknoten etwa eine Woche wirken;
- Aspekte von Jupiter, Saturn, Uranus, Neptun, Pluto und den Mondknoten untereinander etliche Wochen wirken können. Diese Aspekte bilden sich selten, da diese »Langsamläufer« nicht sehr oft über die Aspektpunkte laufen.

Sie finden nach den Angaben für die Planetenpositionen am Anfang jedes Quartals eine Übersicht über wichtige Aspekte der Planeten untereinander. Dabei handelt es sich um sogenannte Transit-Aspekte. Transit-Aspekte, also Kontakte zwischen den laufenden Planeten, weisen zunächst einmal auf die allgemeine astrologische Situation hin, die für das Kollektiv aller Menschen gilt. Sie beziehen sich zunächst auf Politik und Gesellschaft, die einen wichtigen Rahmen für unsere individuellen Lebenswege darstellen.

Inwieweit der Planetenlauf in einem Quartal auch eine Bedeutung für das Individuum hat, hängt davon ab, ob und welche Aspekte sich zwischen diesen »Transit-Planeten« und den Planeten im Geburtshoroskop des betreffenden Menschen bilden.

Aspekte des Mondes zu den Planeten sind nicht mit aufgeführt. Der Mond als sogenannter Schnelläufer bildet alle vier Wochen jeweils eine Konjunktiun, eine Opposition, zwei Quadrate, zwei Trigone und zwei Sextile zu allen anderen Planeten. Dauer und Bedeutung dieser Kontakte gelten astrologisch als praktisch unbedeutend (außer, wenn solche Aspekte mit anderen wichtigen Aspekten zusammenfallen und ein Thema »auslösen«, das bereits im Geburtshoroskop mit demselben Mondaspekt angezeigt wird).

Die Aspekte der anderen Schnelläufer, also von Sonne, Merkur und Venus, kommen ebenfalls recht häufig vor. Damit werden sie in ihrer »Wirkung« ebenfalls als eher schwach eingestuft.

Generell sind seltene Aspekte wichtiger als solche, die sich häufig bilden. Konjunktionen und Oppositionen, oft auch Quadrate, sind meist spürbarer als Trigone und Sextile. Und leider sind für die meisten von uns auch »negative« Aspekte bzw. schwierige Aspekte deutlicher wahrnehmbar als fördernde, »positive«. Offenbar haben wir oft noch kein rechtes Gespür für günstige Möglichkeiten und Gelegenheiten entwickelt, wie wir Chancen nutzen und Herausforderungen bestehen, wie wir bewußt und bedacht agieren können. Statt dessen hat sich häufig die Gewohnheit eingefleischt, eher abzuwarten, was das Leben bringen mag – vielleicht voll schwärmerischer Blütenträume oder sogar voll ängstlicher Zukunftsgedanken –, und dann erst auf »negative« Lektionen des Lebens zu reagieren.

Beim Thema Aspekte möchte ich gern aber auch auf folgende grundlegende Einsichten aufmerksam machen: Prinzipiell gibt es keine »negativen« Planetenkräfte und keine »negativen« Aspekte». Wir sind es, die sie unter Umständen dazu machen. Und schließlich ergeben sich im Laufe der Zeit – oft zwar erst nach vielen Jahren und Jahrzehnten, aber dennoch – alle denkbaren Aspekte zwischen allen Planeten und Him-

melskörpern. Wir haben es in der Astrologie mit einem zyklischen Prozeß zu tun, der sich im Lauf der Zeit immer wiederholt. Unsere Aufgabe als Individuum scheint mir darin zu bestehen, daß wir uns auf den Rhythmus des Kosmos einlassen und als Teil des Kosmos begreifen. Dann dürfte es uns nicht allzu schwerfallen, im Tanz der Sterne leicht beschwingt mitzutanzen.
(Siehe auch das Kapitel über Aspekte ab Seite 42.)

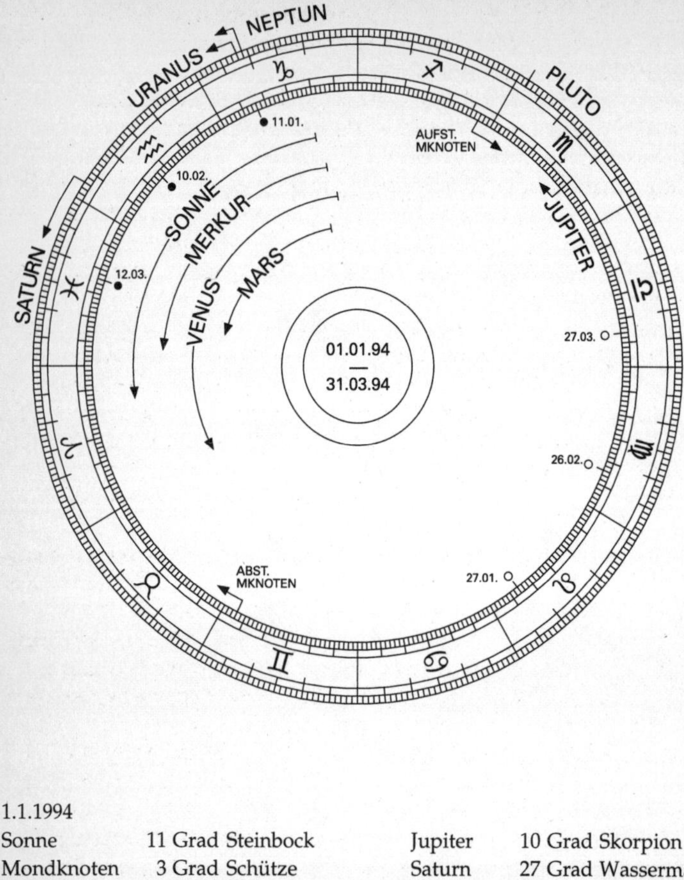

1.1.1994

Sonne	11 Grad Steinbock	Jupiter	10 Grad Skorpion
Mondknoten	3 Grad Schütze	Saturn	27 Grad Wassermann
Merkur	9 Grad Steinbock	Uranus	22 Grad Steinbock
Venus	7 Grad Steinbock	Neptun	21 Grad Steinbock
Mars	10 Grad Steinbock	Pluto	28 Grad Skorpion

Deutungen von Marsaspekten zu anderen Planeten I/1994
Siehe auch Bemerkungen zur Dauer und Wichtigkeit von Aspekten weiter oben. Es handelt sich bei diesen Deutungen natürlich um knapp gefaßte Aussagen. Bei immer wiederkehrenden Aspekten werden nach und nach unterschiedliche Deutungsmöglichkeiten angeboten. Lesen Sie deshalb ruhig auch jene Texte, die zwar unter einem anderen

Datum, aber zu denselben Aspekten aufgeführt sind. Die folgenden Aussagen beziehen sich in erster Linie auf die Marsaspekte, also auf die »Energiebilanz« des einzelnen und der Gemeinschaft.

1.1. Merkur Konjunktion Mars: Erfolge durch Entschlossenheit sind möglich; im Umgang mit anderen Menschen Vorsicht vor übertriebenem Durchsetzungswillen.

2.1. Mars Sextil Jupiter: Durch Leistung und/oder glückliche Entscheidungen sind Gewinne erzielbar; in der Partnerschaft kann die männliche »Yang«-Kraft auf liebevolle Weise zum Zuge kommen.

6.1. Venus Konjunktion Mars: Eine gute Zeit, ästhetischen und erotischen Freuden zu frönen.

16.1. Mars Konjunktion Neptun: Chancen zur geistigen Inspiration aus höheren Gefilden und zur Öffnung des Bewußtseins, aber auch Risiko der (Selbst-)Täuschung durch falsche Urteile. Mitunter Suchtgefahren.

18.1. Mars Konjunktion Uranus: Neue Gelegenheiten tauchen plötzlich auf, die bei eigenem Einsatz zu nutzen sind. Vorsicht im Straßenverkehr und mit (elektrischen) Geräten.

25.1. Mars Sextil Pluto: Bei gut entwickeltem Instinkt lassen sich jetzt eigene Positionen erringen bzw. sichern.

15.2. Mars Quadrat Jupiter: Überschätzen Sie Ihre Möglichkeiten nicht. Jetzt befinden sich Ich-Willen und höhere Prinzipien in einem Spannungsverhältnis. Neigung zu Verführungen aller Art.

28.2. Merkur Konjunktion Mars: Da der Merkur rückläufig ist, ist die Qualität anders als am 1.1. Nun ist eher zu besonderer Umsicht zu raten; neue Unternehmungen sollten jetzt nicht begonnen, Verträge jetzt nicht geschlossen werden.

4.3. Mars Quadrat Mondknotenachse: Der Ich-Wille der Menschen und die karmischen Aufgaben des Lebens harmonieren zur Zeit nicht gerade. Prüfen Sie, wo Sie selbst stehen!

5.3. Mars Quadrat Pluto: Individuelle und kollektive Machtansprüche kollidieren. Gut möglich, daß in diesen Tagen gesellschaftliche und politische Spannungen auf unangenehme Weise zum Ausbruch kommen.

14.3. Mars Konjunktion Saturn: In der Gesellschaft wird nun besonders heftig gegen Traditionen angerannt. Für den einzelnen ist jetzt Gelegenheit, Planungen Wirklichkeit werden zu lassen, wenn sie sorgfältig vorbereitet sind.

24.3. Mars Trigon Jupiter: Die Dinge gehen leichter von der Hand als zuvor. Man kann von Anstrengungen ausruhen und dennoch gut vorwärtskommen.

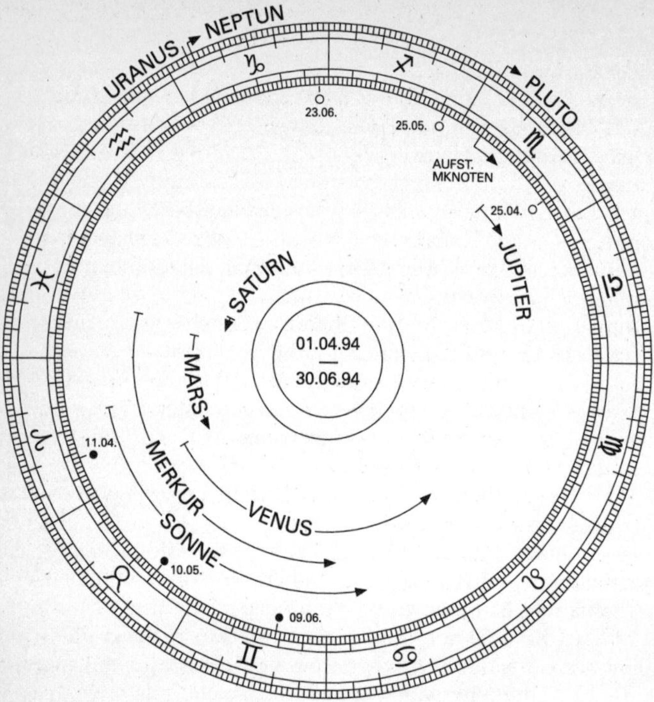

1.4.1994

Sonne	12 Grad Widder	Jupiter	14 Grad Skorpion
Mondknoten	25 Grad Skorpion	Saturn	8 Grad Fische
Merkur	17 Grad Fische	Uranus	26 Grad Steinbock
Venus	30 Grad Widder	Neptun	24 Grad Steinbock
Mars	20 Grad Fische	Pluto	28 Grad Skorpion

Deutungen von Marsaspekten zu anderen Planeten II/1994
4.4. Merkur Konjunktion Mars: Erfolge durch Entschlossenheit sind möglich; im Umgang mit anderen Menschen Vorsicht vor übertriebenem Durchsetzungswillen.
6.4. Mars Sextil Neptun: Einfühlungsvermögen und sensibler Umgang mit anderen Menschen führen zum gewünschten Ziel.

9.4. Mars Sextil Uranus: Aktion und Intuition verbinden sich vorteilhaft miteinander. Überraschend auftauchende Chancen sollte man schnell entschlossen nutzen.
11.4. Mars Trigon Pluto: Individuelle und kollektive Ansprüche können jetzt besser als zuvor in Einklang gebracht werden. Eine günstige Zeit für einsatzbereite und mutige Menschen, das Schicksal aktiv zu gestalten.
15.5. Mars Quadrat Neptun: Hüten Sie sich vor den Schalmeienklängen gesellschaftlicher Gruppen oder Parteien, die das nüchterne Urteil trüben und Menschen in unabsehbare Aktivitäten verwickeln oder zu Entscheidungen zu veranlassen, die sich später als »Irrtum« entpuppen.
16.5. Venus Sextil Mars: Nutzen Sie die Gunst der Sterne für ein paar romantische Stunden oder Tage.
18.5. Mars Quadrat Uranus: Auf dem Parkett von Politik, Gesellschaft und Wirtschaft herrschen Hektik angesichts vermeintlich guter Aussichten. Voreilige Entschlüsse und überstürzte Handlungen führen aber zu unerwünschten Konsequenzen.
1.6. Mars Opposition Jupiter: Hochgeschraubte Wünsche treffen auf leidenschaftlich vertretene entgegengesetzte Positionen. Immerhin eine gute Gelegenheit, sich über echte Prioritäten klar zu werden.
9.6. Mars Sextil Saturn: Was zuvor überlegt geplant wurde, lohnt nun den persönlichen Einsatz, um es in die Tat umzusetzen.
22.6. Mars Konjunktion absteigender Mondknoten: Wir alle werden mit den Folgen früherer falscher oder »dummer« Verhaltensweisen konfrontiert, vor allem jener Verhaltensweisen, die auf blindem Eifer und Ichwillen beruhten.
23.6. Mars Trigon Neptun: Eine gute Zeit, sich feineren Genüssen des Lebens zu widmen – Kunst, Theater, Musik. Ebenfalls günstig, um spirituelle Fortschritte zu machen und zu meditieren!
27.6. Mars Trigon Uranus und Mars Opposition Pluto: Erfindergeist und neue wissenschaftliche Erkenntnisse finden jetzt eine »kosmische« Unterstützung. Gleichzeitig kollidieren individuelle und kollektive Machtansprüche wieder einmal. Die daraus resultierenden gesellschaftlichen und politischen Spannungen führen zu einer Krise.

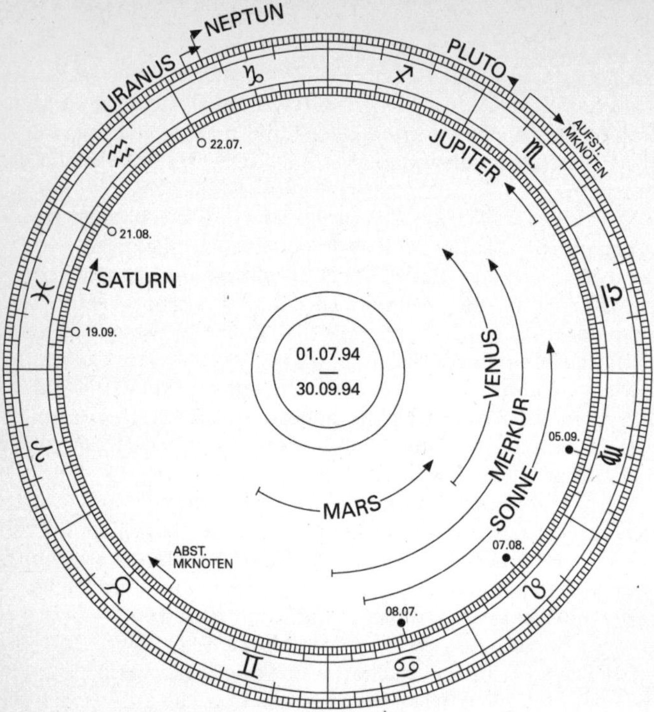

1.7.1994			
Sonne	9 Grad Krebs	Jupiter	5 Grad Skorpion
Mondknoten	23 Grad Skorpion	Saturn	12 Grad Fische
Merkur	1 Grad Krebs	Uranus	26 Grad Steinbock
Venus	19 Grad Löwe	Neptun	23 Grad Steinbock
Mars	28 Grad Stier	Pluto	26 Grad Skorpion

Deutungen von Marsaspekten zu anderen Planeten III/1994
20.7. Mars Quadrat Saturn: Tendenzen zu impulsiven Aktionen treffen auf althergebrachte gesellschaftliche Normen. Das führt zu Konflikten. Kein günstiger Tag, um Neues zu unternehmen.
23.7. Venus Quadrat Mars: Die Zeit ist reif zur offenen Auseinandersetzung über weibliche und männliche Meinungen und Interessen.

18.8. Merkur Sextil Mars: Ein paar günstige Tage für geschäftliche Projekte, Geld- und Hausangelegenheiten sowie für Reisen.
30.8. Mars Trigon Saturn: Persönliche Wünsche und gemeinschaftliche Verantwortung können nun Hand in Hand gehen.
1.9. Mars Trigon Jupiter: Die freundliche Tendenz (siehe 30.8.) setzt sich fort. Gezielter persönlicher Einsatz für eine gute Sache bringt Erfolge.
5.9. Sonne Sextil Mars: Große Aufgaben, die vielen Menschen einsichtig sind, ein echtes Selbstwertgefühl und der legitime Ich-Wille des Individuums führen zu kreativem Schaffen.
18.9. Mars Opposition Neptun: Nach einer Periode der »einfachen« Wege zum Erfolg tauchen jetzt wieder nachhaltige Täuschungsgefahren auf. Es gilt, nach einem klaren und sicheren Wertgefühl zu handeln.
19.9. Merkur Quadrat Mars: Neue Geschäfte sollte man heute nicht beginnen. Immerhin können jedoch alte Probleme mit frischer Kraft einer Lösung zugeführt werden.
21.9. Mars Opposition Uranus: Offener Freiheitsdrang zieht unerwartete Konsequenzen nach sich oder wird mit überraschenden neuen Entwicklungen konfrontiert.
27.9. Mars Trigon Pluto: Die Sterne stehen günstig für Sport aller Art, für körperliche Anstrengungen und sogar für Abenteuer.

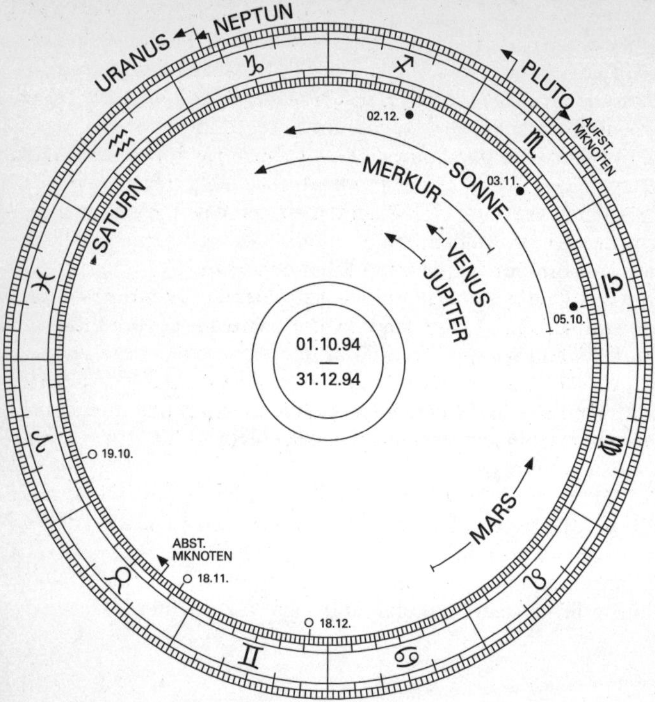

1.10.1994

Sonne	8 Grad Waage	Jupiter	16 Grad Skorpion
Mondknoten	16 Grad Skorpion	Saturn	7 Grad Fische
Merkur	4 Grad Skorpion	Uranus	23 Grad Steinbock
Venus	16 Grad Skorpion	Neptun	21 Grad Steinbock
Mars	28 Grad Krebs	Pluto	27 Grad Skorpion

Deutungen von Marsaspekten zu anderen Planeten IV/1994

13.10. Merkur Quadrat Mars: Da Merkur rückläufig ist und im Quadrat zum Mars steht, sollte man alle neuen Projekte zunächst einmal verschieben. Sie müssen bei schon laufenden Unternehmungen mit Verzögerungen rechnen.

29.10. Venus Quadrat Mars: Wer Partnerschaftsprobleme klären oder vielleicht sogar lösen möchte, wird jetzt einen besonderen Drang spüren, das zu tun. Seien Sie indes bedacht, daß Sie »das Kind nicht mit Bade ausschütten«, weil Sie gar zu sehr vorwärtsdrängen.

2.11. Mars Quadrat Mondknotenachse: Blockierte Energien, Zerrissenheitsempfindungen.

12.11. Sonne Quadrat Mars: Für den einzelnen Menschen macht sich das Gefühl breit, daß man irgendwie nicht mehr mit sich selbst im reinen ist – Selbstzweifel, Zerrissenheit etc. So schwer es fallen mag, sollte man gerade jetzt meditieren!

27.11. Merkur Quadrat Mars: Ähnlich wie am 19.9.

7.12. Mars Quadrat Pluto: Auseinandersetzungen zwischen Individuen und Kollektiven sowie Gruppen und Parteien drohen zum offenen Kampf auszuarten.

24.12. Sonne Trigon Mars: Kleine Freuden bauen auf. Der Feiertagstermin unterstützt die allgemein freundliche Stimmung der Sterne. Eine zeitweise Aufhellung am Horizont der Welt.

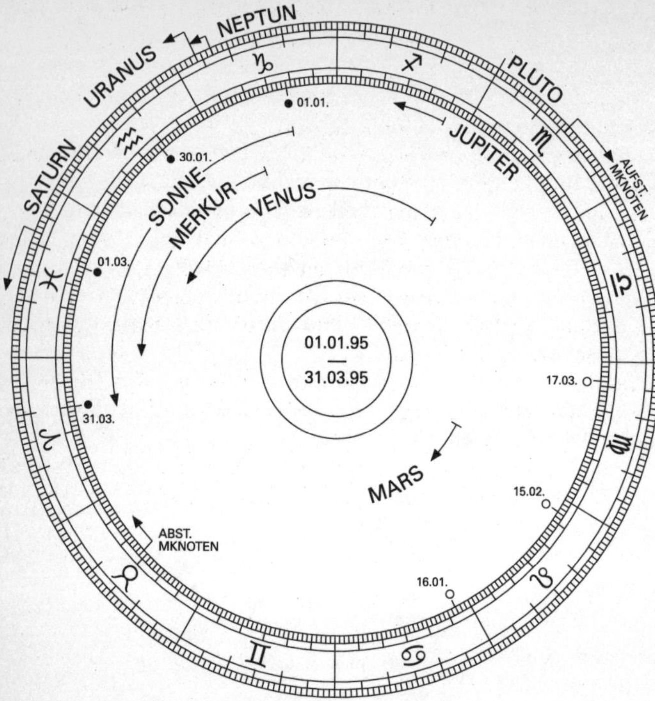

1.1.1995

Sonne	11 Grad Steinbock	Jupiter	5 Grad Schütze
Mondknoten	14 Grad Skorpion	Saturn	8 Grad Fische
Merkur	21 Grad Steinbock	Uranus	26 Grad Steinbock
Venus	24 Grad Skorpion	Neptun	23 Grad Steinbock
Mars	3 Grad Jungfrau	Pluto	30 Grad Skorpion

Vom 2.1. bis zum 24.3. ist der Mars »rückläufig«.
Daß kann sowohl eine generelle Tendenz zu »Energieblockaden« bedeuten. Es mag für bewußte Menschen jedoch auch eine Chance darstellen, sich mit wichtigen Fragen nach dem Sinn zu beschäftigen, für welche Ziele und mit welchen Mitteln (Trieb-)Energie eingesetzt werden soll.

Deutungen von Marsaspekten zu anderen Planeten I/1995

9.1. Venus Quadrat Mars: Männliche und weibliche Energien geraten leicht in Spannung zueinander.

22.1. Mars Quadrat Pluto: Der einzelne Mensch fühlt sich durch größere gesellschaftliche Kräfte gehemmt.

1.2. Venus Trigon Mars: Erfreuen Sie sich an erotischer Harmonie und schöpferischem Tatendrang.

12.2. Sonne Opposition Mars: Eine gute Gelegenheit, daß Geist und Verstand erkennen, welche Rolle Trieb und Instinkt im Leben spielen und in welche Richtung es ab jetzt weitergehen soll.

6.3. Merkur Opposition Mars: Vorsicht vor allzu idealistischen Angeboten und angeblichen Aussichten, mit einem einmaligen Einsatz Reformprojekte umsetzen zu können.

9.3. Mars Trigon Jupiter: Wie schön, daß es zwischen den Stürmen der Gezeiten auch solche Tage gibt. Was Sie als wertvoll erkannt haben, läßt sich nun verwirklichen.

14.3. Venus Opposition Mars: Liebevolle Umarmung, Tauziehen oder Boxkampf – das liegt bei Ihnen selbst. Auf jeden Fall sollten Ihnen die Augen aufgehen!

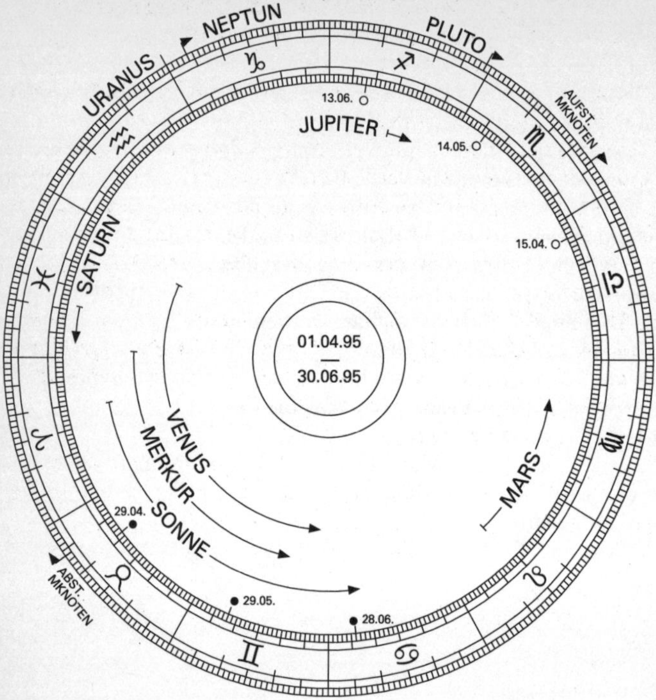

1.4.1995

Sonne	11 Grad Widder	Jupiter	16 Grad Schütze
Mondknoten	6 Grad Skorpion	Saturn	19 Grad Fische
Merkur	28 Grad Fische	Uranus	30 Grad Steinbock
Venus	5 Grad Fische	Neptun	26 Grad Steinbock
Mars	14 Grad Löwe	Pluto	1 Grad Schütze

Deutungen von Marsaspekten zu anderen Planeten II/1995
9.4. Merkur Trigon Mars: Günstig für zielorientierte Kommunikation und geschäftliche Transaktionen.
12.4. Mars Trigon Jupiter: Der nun wieder »direktläufige« Mars bildet erneut das fördernde Trigon zum Jupiter, wie am 9.3. Jetzt sollten Energien noch erfolgreicher eingesetzt werden können.

26.4. Merkur Quadrat Mars: Hüten Sie sich vor übereifrigen und vorschnellen Entscheidungen in Fragen von Geld, Immobilien und anderem Besitz. Warten Sie lieber noch etwas ab.
12.5. Venus Trigon Mars: Gönnen Sie sich einen Kurzurlaub; lassen Sie Ihren Frühlingsgefühlen freien Lauf!
18.5. Sonne Quadrat Mars: Eine kurzfristige Tendenz zu Ärger mit Vorgesetzten oder Konflikten über Fragen des Rangs bzw. des guten Rufs.
23.5. Mars Quadrat Pluto: Die Bemerkungen zum 18.5. gelten hier auch, beziehen sich nun aber mehr auf Schwierigkeiten auf dem politischen und gesellschaftlichen Parkett. Eine Neigung zu Gewalttaten dürfte unübersehbar sein.
13.6. Mars Quadrat Jupiter – 15.6. Merkur Quadrat Mars – 21.6. Venus Quadrat Mars: Drei Quadrate zum Mars in acht Tagen heißt, daß man besonders behutsam mit seinen (Trieb-)Energien umgehen sollte, um nicht unnötig bzw. sinnlos anzuecken.

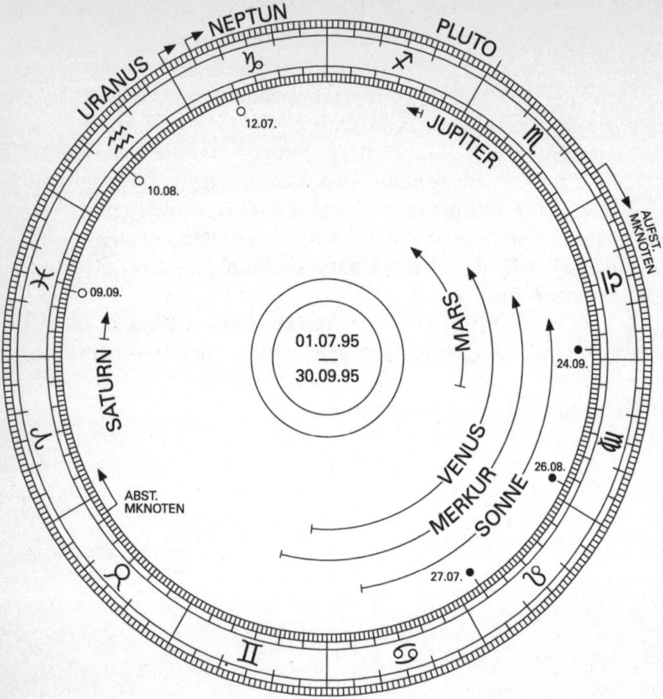

1.7.1995

Sonne	9 Grad Krebs	Jupiter	8 Grad Schütze
Mondknoten	4 Grad Skorpion	Saturn	25 Grad Fische
Merkur	17 Grad Zwillinge	Uranus	30 Grad Steinbock
Venus	25 Grad Zwillinge	Neptun	25 Grad Steinbock
Mars	19 Grad Jungfrau	Pluto	29 Grad Skorpion

Deutungen von Marsaspekten zu anderen Planeten III/1995
3.7. Merkur Quadrat Mars: Die Warnung vor übereilten Entscheidungen und Handlungen im Geschäftsleben kennen Sie nun ja schon als Merkmal dieses Aspekts. Aber auch in Ihrer Kommunikation sollten Sie bedacht bleiben und keine Aussagen treffen, die falsche Hoffnungen schüren könnten.

11.7. Mars Trigon Neptun – 12.7. Mars Opposition Saturn: Öffnen Sie sich wieder einmal ganz bewußt für seelische Inspiration und schöpferische Impulse. Auch für Selbsterfahrungskurse o. ä. ist die Zeit günstig. Vermutlich fühlen Sie sich in diesen Tagen besonders intensiv mit alten Mustern konfrontiert, an denen Sie sich immer wieder »reiben«.
17.7. Mars Sextil Pluto – 19.7. Mars Trigon Uranus: Es herrscht ein positives Klima, bewußte Einsichten aus früheren Prüfungen nun zur Selbstwandlung umzusetzen. Dabei kommen Ihnen Überraschungsmomente zur Hilfe, wenn Sie rege und tatkräftig daran arbeiten.
26.7. Sonne Sextil Mars – 27.7. Merkur Sextil Mars – 30.7. Mars Sextil Jupiter: Dreimal lächeln Ihnen die Sterne freundlich zu. Ob Sie nun einen Urlaub genießen, sich in neue berufliche Aktivitäten stürzen oder eine neue Partnerschaft aufnehmen bzw. eine bereits bestehende »revitalisieren« möchten – das »Glück« ist jetzt sehr viel holder als an anderen Daten.
6.8. Venus Sextil Mars: Erneut winkt Ihnen Frau (oder Herr?) Fortuna zu. Erlauben Sie sich einen Flirt (selbstverständlich mit Ihrem eigenen Partner! Was dachten Sie denn?).
27.8. Mars Quadrat Neptun – 2.9. Mars Quadrat Uranus: Erliegen Sie jetzt weder sanften Verführungen noch plötzlichen Verheißungen. Zügeln Sie Ihren Tatendrang bzw. Ihren Pioniergeist, überlegen Sie, bevor Sie handeln.
5.9. Mars Konjunktion aufsteigender Mondknoten: Eine nicht so häufige Chance bietet sich, daß Sie Ihre Energie für etwas einsetzen, was Sie in Ihrem Leben wirklich voranbringt, was Sie wirklich erfüllt, was Ihrer »karmischen Aufgabe« wirklich gerecht wird. Wenn Sie (noch) nicht wissen, was das ist, sollten Sie nach innen gehen und meditieren. (Siehe auch Hinweis auf »Innere Astrologie« im Abschnitt über Seminare am Schluß des Buches.)

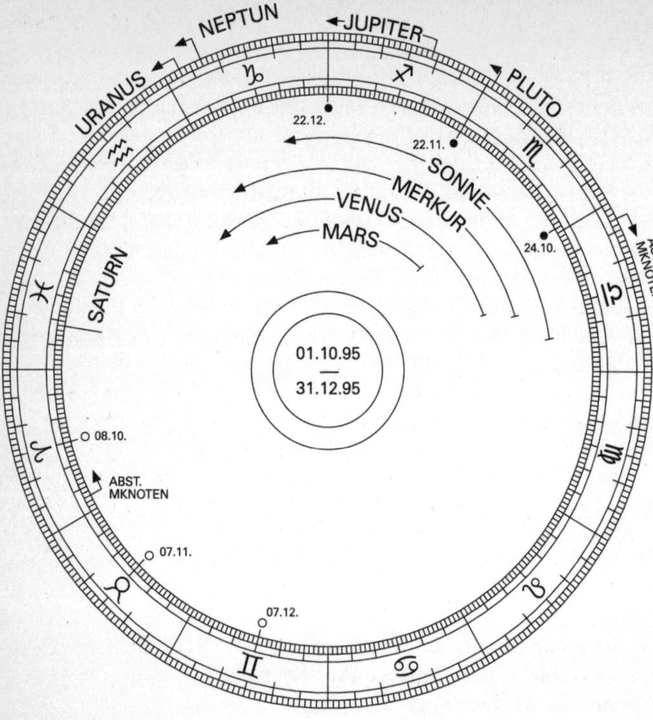

1.10.1995

Sonne	8 Grad Waage	Jupiter	11 Grad Schütze
Mondknoten	27 Grad Waage	Saturn	21 Grad Fische
Merkur	16 Grad Waage	Uranus	27 Grad Steinbock
Venus	19 Grad Waage	Neptun	23 Grad Steinbock
Mars	17 Grad Skorpion	Pluto	29 Grad Skorpion

Deutungen von Marsaspekten zu anderen Planeten IV/1995

6.10. Mars Trigon Saturn: Einsatzwille und Bedachtsamkeit sind in einer guten Balance. Damit besteht ein Fundament, auf dem sich weiterreichende Pläne verwirklichen lassen.

10.10. Mars Sextil Neptun – 16.10. Mars Sextil Uranus – 18.10. Mars Konjunktion Pluto: Der Mars bildet Aspekte zu allen drei »Langsamläufern«. Originalität und Sensibilität paaren sich mit Tatkraft. Die Plutokonjunktion ist indes zweischneidig – entweder dreht es sich jetzt um eine tiefgreifende Bewußtseinstransformation oder um die krude Durchsetzung von Machtansprüchen. Zumindest in der Politik müssen wir wohl leider eher mit dem letzteren rechnen.

14.11. Mars Quadrat Saturn – 16.11. Mars Konjunktion Jupiter: Zeitlich dicht hintereinander stellen sich Spannungen ein zwischen Triebenergien und traditonellen Strukturen (oder Personen) und Erfolgen durch Kraftanstrengung und Leistung. Versuchen Sie, das Beste daraus zu machen!

22.11. Venus Konjunktion Mars: Das Firmament verheißt die Erfüllung von Sehnsüchten nach Nähe und Intimität, nach einer Verbindung von Sanftheit und Stärke.

23.11. Mars Quadrat Mondknotenachse: Führen Ihre offenen (oder stillen) Sehnsüchte in die Richtung, in der Sie sich weiterentwickeln können – und sollten?

23.12. Merkur Konjunktion Mars – 25.12. Mars Sextil Saturn: Sinn für die Sicherung von Vorteilen und gleichzeitig überlegte Einfühlung in andere – das ist eine gesunde Basis, damit Sie Ihre Energien richtig und wirkungsvoll einsetzen.

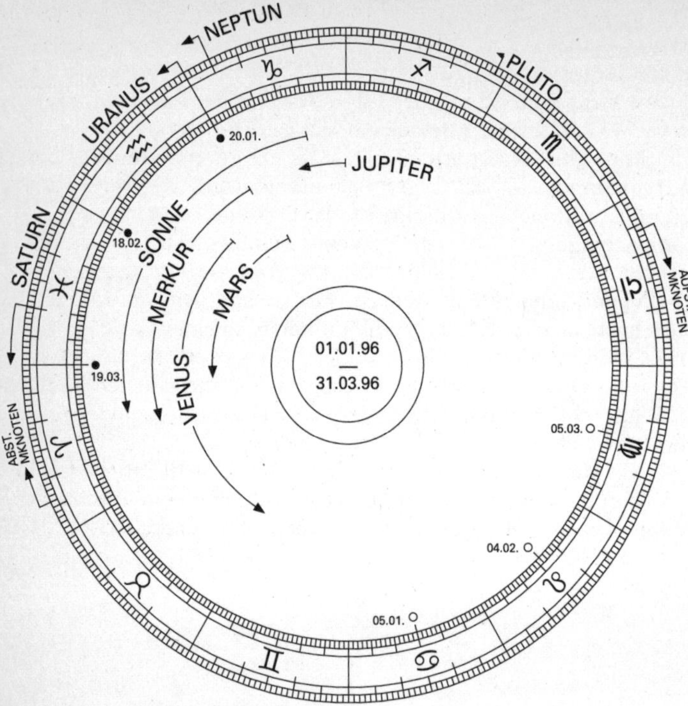

1.1.1996

Sonne	10 Grad Steinbock	Jupiter	30 Grad Schütze
Mondknoten	24 Grad Waage	Saturn	20 Grad Fische
Merkur	29 Grad Steinbock	Uranus	30 Grad Steinbock
Venus	13 Grad Wassermann	Neptun	25 Grad Steinbock
Mars	25 Grad Steinbock	Pluto	2 Grad Schütze

Deutungen von Marsaspekten zu anderen Planeten I/1996

1.1. Mars Konjunktion Neptun: Künstlerische Feinfühligkeit wird jetzt genauso angesprochen wie die Versuchung, sich (selbst) zu täuschen. Als »Auftaktaspekt« für das neue Jahr verheißt diese Konstellation eher Negatives als Positives. Es besteht eine Neigung zu unrealistischen Urteilen und Illusionen.

8.1. Mars Konjunktion Uranus – 11.1. Mars Sextil Pluto: Chancen und Gefahren durch Technik und Wissenschaft, entfesselte machtvolle Energien, die Neues anstreben.
13.1. Merkur Konjunktion Mars: Da Merkur rückläufig ist, sollte man in diesen Tagen von neuen Geschäftsprojekten Abstand nehmen.
19.2. Mars Quadrat Pluto: Achtung vor unnötigem und vermeidbarem Ärger. Bezähmen Sie Impulsivität, die sich womöglich (unbewußt bzw. ungewollt) gegen andere Menschen richtet.
1.3. Mars Sextil Jupiter – 4.3. Sonne Konjunktion Mars: Die positiven Kräfte erhalten eine solide Unterstützung. Das sollte sich sowohl individuell als auch gesellschaftlich fördernd auswirken für sinnvolle Vorhaben, gerechte Urteile und herzliches Mitgefühl.
21.3. Mars Sextil Jupiter – 22.3. Mars Konjunktion Saturn – 24.3. Merkur Konjunktion Mars: Expansionsdrang und Hemmungen in der Selbstentfaltung stehen in einem eigenartigen Kontrast. Geradlinige Kommunikation hilft aus diesem Dilemma heraus.
28.3. Mars Trigon Pluto – 29.3. Mars Sextil Uranus: Wie am 8.1. bildet der Mars Aspekte zu Uranus und Pluto. Die Energien sind ähnlich, allerdings ohne das dort erwähnte Gefahrenmoment. Insgesamt deutlich günstiger als am 8.1.!

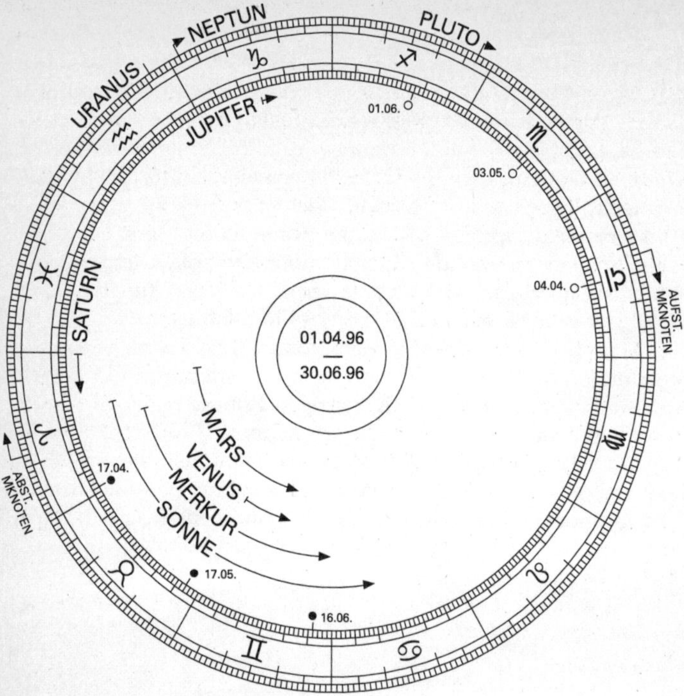

1.4.1996

Sonne	12 Grad Widder	Jupiter	16 Grad Steinbock
Mondknoten	18 Grad Waage	Saturn	30 Grad Fische
Merkur	16 Grad Widder	Uranus	4 Grad Wassermann
Venus	28 Grad Stier	Neptun	28 Grad Steinbock
Mars	6 Grad Widder	Pluto	3 Grad Schütze

Deutungen von Marsaspekten zu anderen Planeten II/1996
15.4. Mars Quadrat Jupiter: Gefahr von Ausschweifungen und unbedachten Aktionen, die schnell viele Vorteile bringen sollen, aber letztlich doch enttäuschen werden.
15.4. Mars Konjunktion absteigender Mondknoten: Das Quadrat zum Jupiter erfährt hierdurch noch eine vermutlich unwillkommene »Be-

stätigung«. Das Thema von Mars/absteigender Mondknoten lautet bekanntlich: »Auseinandersetzung mit altem Karma, alten Verhaltensmustern und deren gegenwärtigen unerfreulichen Konsequenzen.«
29.4. Mars Quadrat Neptun: Ähnlich wie am 15.4., jedoch viel subtiler. Chance zur Bewußtmachung, welche höheren Ziele den persönlichen Einsatz wert wären.
8.5. Mars Quadrat Uranus: In der Gesellschaft herrscht eine gewisse »Aufsässigkeit«, die durch Parolen von »Freiheit« und »Unabhängigkeit« bzw. Reformen gerechtfertigt werden soll.
25.5. Mars Trigon Jupiter: Jetzt geht es erneut wieder harmonisch und kreativ voran. Neuer Schwung für sinnvolle Pläne.
29.5. Merkur Konjunktion Mars: Handel und Kommunikation sollten von dieser Konstellation profitieren, zumal Merkur wieder direktläufig und damit nicht mehr »gehemmt« ist.
8.6. Mars Trigon Neptun: »Time out!« Gönnen Sie sich Muße, Kunstgenuß, die Schönheit der Natur. In diesen Tagen können Sie sich leichter als zu anderen Zeiten richtig »beflügeln« lassen!
14.6. Mars Opposition Pluto – 15.6. Merkur Konjunktion Mars: Spannungen zwischen Individuum und Kollektiv, zwischen Eigenwillen und Gemeinschaftswohl. Kommerz und Kommunikation sowie Profit spielen dabei eine gewichtige Rolle.
18.6. Mars Trigon Uranus – 22.6. Mars Sextil Saturn: Fortschritte und Vorteile durch Pioniergeist und Entdeckerdrang, gefördert durch Einsatzbereitschaft und Umsicht.
29.6. Venus Konjunktion Mars: Die beliebte »Vereinung« von »Yin« und »Yang«, von Eros und Libido, von Ästhetik und Tatkraft. Inwieweit das »gutgeht«, hängt ganz allein von den Beteiligten ab!

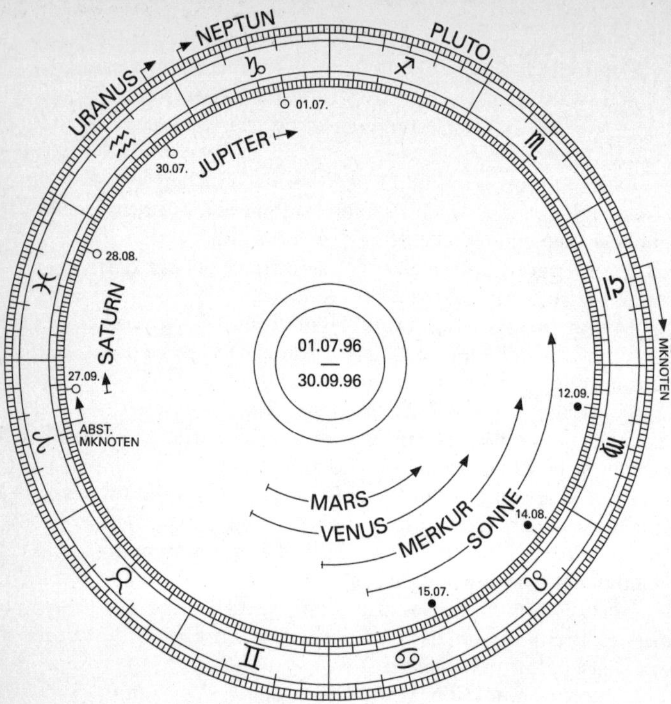

1.7.1996			
Sonne	10 Grad Krebs	Jupiter	14 Grad Steinbock
Mondknoten	13 Grad Waage	Saturn	8 Grad Widder
Merkur	28 Grad Zwillinge	Uranus	4 Grad Wassermann
Venus	12 Grad Zwillinge	Neptun	27 Grad Steinbock
Mars	13 Grad Zwillinge	Pluto	1 Grad Schütze

Deutungen von Marsaspekten zu anderen Planeten III/1996

5.8. Mars Quadrat Saturn – 8.8. Mars Opposition Jupiter: »Wo rohe Kräfte sinnlos walten ...«, da müssen wir eher mit Unheil als mit nützlichen Ergebnissen rechnen. Lassen Sie sich nicht von einer Welle sinnlos waltender Kräfte ergreifen und mitreißen. Bleiben Sie bewußt und bedacht!

10.8. Mars Quadrat Mondknotenachse: Die eigene Stellung in der Familie wird unfreiwillig bewußt gemacht. Sie müssen sich neu besinnen, welche Rolle Sie wirklich spielen wollen.
2.9. Mars Opposition Neptun – 3.9. Venus Konjunktion Mars: Neptun gilt astrologisch auch als die »höhere Oktave« von Venus. Damit hätten wir es an diesen Tagen mit zwei gegenläufigen Tendenzen zu tun. »Gemischte Gefühle« und Zweifel an bzw. in der Partnerschaft beschreibt diesen emotinalen Zustand wohl am besten.
10.9. Mars Trigon Pluto – 11.9. Merkur Sextil Mars – 11.9. Mars Opposition Uranus: Berufliche Ambitionen, geschäftliche Pläne und Bemühungen um eine bessere gesellschaftliche Stellung werden jetzt »gut bestrahlt«. Allerdings kann es auch »Querschläger« geben in Form von allzu individuellen Wünschen oder Verlockungen, die sich als »heiße Luft« herausstellen.
17.9. Mars Trigon Saturn: Jetzt kann Einvernehmen zwischen den Generationen erzielt werden, vor allem zu bzw. unter männlichen Personen.

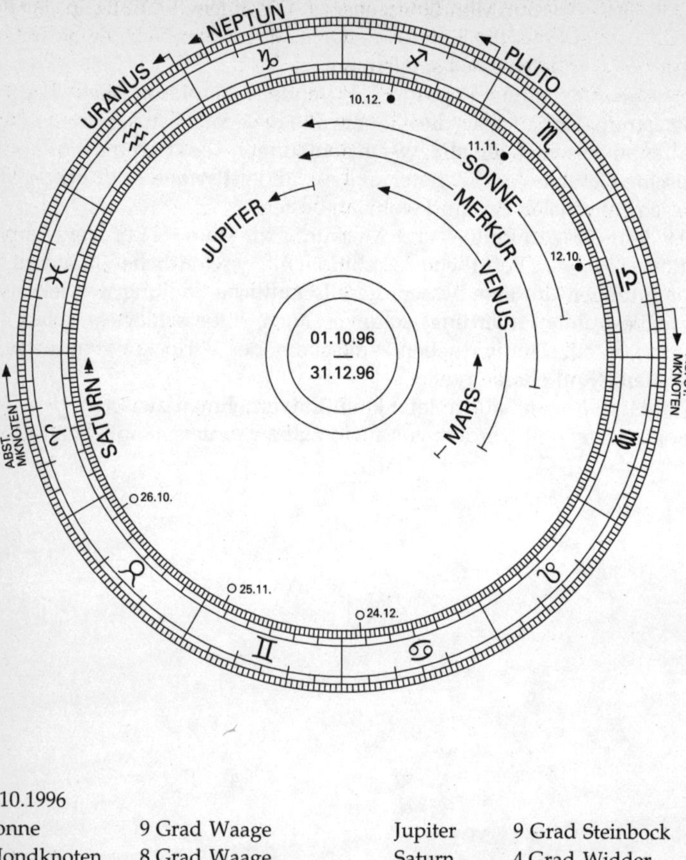

1.10.1996

Sonne	9 Grad Waage	Jupiter	9 Grad Steinbock
Mondknoten	8 Grad Waage	Saturn	4 Grad Widder
Merkur	21 Grad Jungfrau	Uranus	1 Grad Wassermann
Venus	27 Grad Löwe	Neptun	25 Grad Steinbock
Mars	14 Grad Löwe	Pluto	2 Grad Schütze

Deutungen von Marsaspekten zu anderen Planeten IV/1996
13.10. Sonne Sextil Mars: Selbstwertgefühl und Tatkraft verbinden sich auf erfreuliche Weise.
25.10. Merkur Sextil Mars: Kommunikation fällt leichter als sonst; es finden sich viele übereinstimmende Interessen, vor allem im Bereich der »schönen« Dinge des Lebens.

22.11. Merkur Quadrat Mars: Allzu penibler Einsatz für Ideen und Pläne macht ansonsten gute Gelegenheiten zunichte.
8.12. Mars Trigon Jupiter – 9.12. Venus Sextil Mars: Jetzt können wir alle wieder einmal »Sofasitzen« auf der Gnade wohlwollend grüßender Planeten.
14.12. Sonne Quadrat Mars: Achtung vor unnötigen Auseinandersetzungen!
24.12. Mars Trigon Neptun: Eine echte »Weihnachtskonstellation«! Neptun als Symbol spiritueller Weisheit und Mars als mutiger Vorkämpfer für Ziele, die lohnen, fördern sich in diesem Aspekt auf besondere Weise.

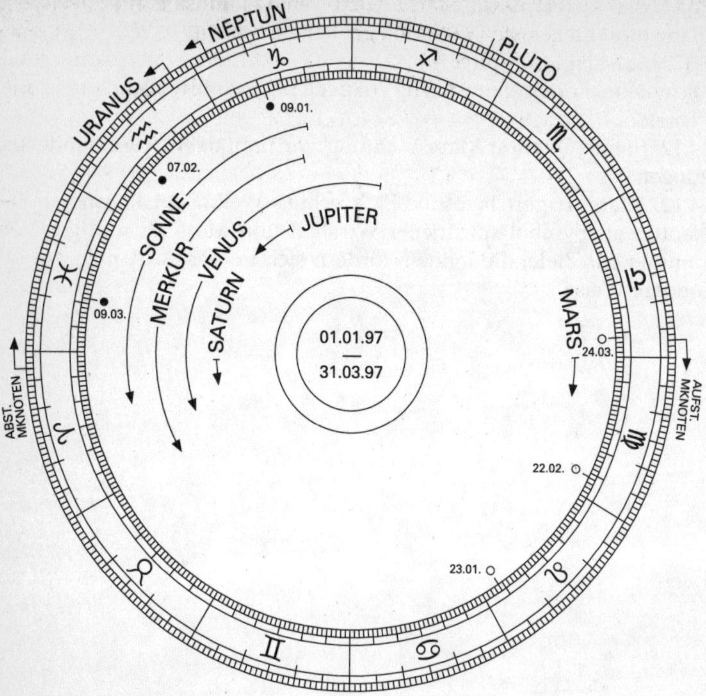

1.1.1997			
Sonne	11 Grad Steinbock	Jupiter	26 Grad Steinbock
Mondknoten	3 Grad Waage	Saturn	2 Grad Widder
Merkur	14 Grad Steinbock	Uranus	4 Grad Wassermann
Venus	19 Grad Schütze	Neptun	27 Grad Steinbock
Mars	30 Grad Jungfrau	Pluto	5 Grad Schütze

Vom 6.2. bis zum 26.4. ist der Mars rückläufig. Seine sonst nach außen gerichteten Kräfte können sich jetzt auch nach innen wenden; oder wir erleben diese Zeit vielleicht wie eine verborgene Energieblockade.

Deutungen von Marsaspekten zu anderen Planeten I/1997
9.1. Mars Opposition Saturn – 12.1. Venus Quadrat Mars: Familien-

und Partnerschaftsthemen sind nun besonders umstritten. In der Politik erweisen sich Eigenutz und Gemeinwohl wieder einmal als miteinander unvereinbar.
20.1. Mars Trigon Uranus.– 25.1. Mars Sextil Pluto: Konstruktive Kräfte erhalten Auftrieb.
12.2. Mars Trigon Uranus – 13.2. Merkur Trigon Mars –14.2. Mars Trigon Jupiter – 14.2. Mars Sextil Pluto: Eine wahre »Quadriga« positiver Impulse durch diese vier fördernden Aspekte. Diese Woche könnte sich als ein wahrer Segen für humanitäre Entwicklungen, wirtschaftlichen Aufschwung und politische Stabilisierung erweisen – wenn, ja wenn der nächste Marsaspekt nicht bereits Erreichtes wieder zerstört.
16.2. Mars Opposition Saturn: Falls man auf die andere Seite wirklich einzugehen bereit ist, wird auch eine zunächst eher gespannte Auseinandersetzung Gutes bewirken können.
15.3. Merkur Opposition Mars – 17.3. Sonne Opposition Mars – 19.3. Venus Opposition Mars: Was Mitte Februar nicht geschafft wurde, läßt sich Mitte März kaum nachholen. Vielmehr wird allerorten ein Mangel an vorausschauendem Einsatz und mutigem Eintretem sowie schlicht Kraftlosigkeit zu beklagen sein.

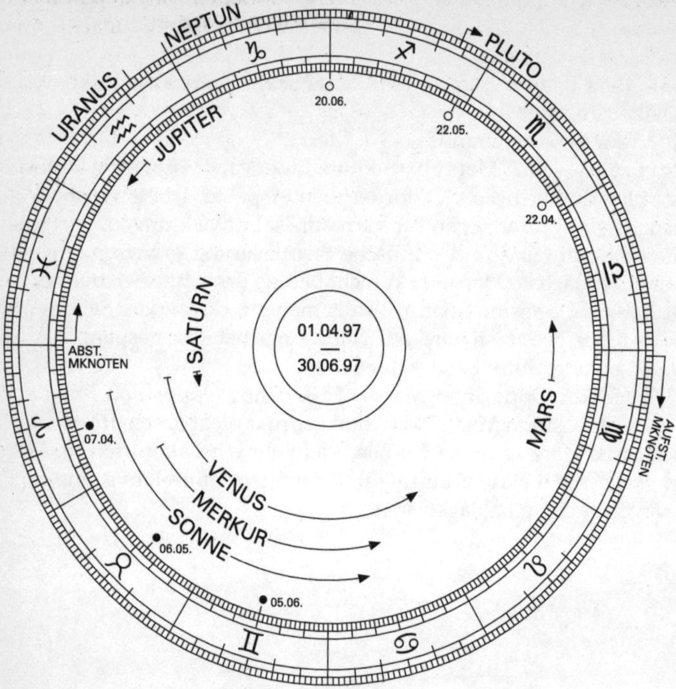

1.4.1997

Sonne	12 Grad Widder	Jupiter	16 Grad Wassermann
Mondknoten	29 Grad Jungfrau	Saturn	11 Grad Widder
Merkur	30 Grad Widder	Uranus	8 Grad Wassermann
Venus	11 Grad Widder	Neptun	30 Grad Steinbock
Mars	22 Grad Jungfrau	Pluto	6 Grad Schütze

Vom 27.4. ab wird der Mars wieder direktläufig. Siehe auch Anmerkung zum vorhergehenden Quartal.

Deutungen von Marsaspekten zu anderen Planeten II/1997
29.4. Venus Trigon Mars: Was in der Gesellschaft im argen liegt, können Sie im Rückzug ins Privatlebens zumindest zeitweise vergessen.

7.5. Sonne Trigon Mars: Enthusiasmus und Lebensfreude sind im »Hoch«.
28.5. Venus Quadrat Mars: Sie wissen ja, daß Sie unter diesem Aspekt Streit, vor allem im Privatleben, aus dem Weg gehen sollten.
5.6. Merkur Trigon Mars: Freundliche kosmische Unterstützung für Kommerz und Kommunikation.
6.6. Mars Konjunktion aufsteigender Mondknoten: Erneut eine Chance zum Nachdenken über Lebensweg, Lebensaufgaben und wie sinnvoll oder sinnlos wir unsere Kräfte dafür aufwenden.
17.6. Mars Trigon Neptun: Widmen Sie sich ruhig wieder einmal den feineren Aspekten des Lebens, die mehr eigene Sensibilität verlangen und auch anregen.
23.6. Sonne Quadrat Mars – 25.6. Merkur Quadrat Mars – 26.6. Mars Sextil Pluto: Die beiden Quadrate »bremsen« eher, das Sextil sorgt jedoch dafür, daß die Kräfte nicht ganz erstickt werden. Wichtige Vorhaben sollte man jetzt nicht beginnen, sondern lieber verschieben.

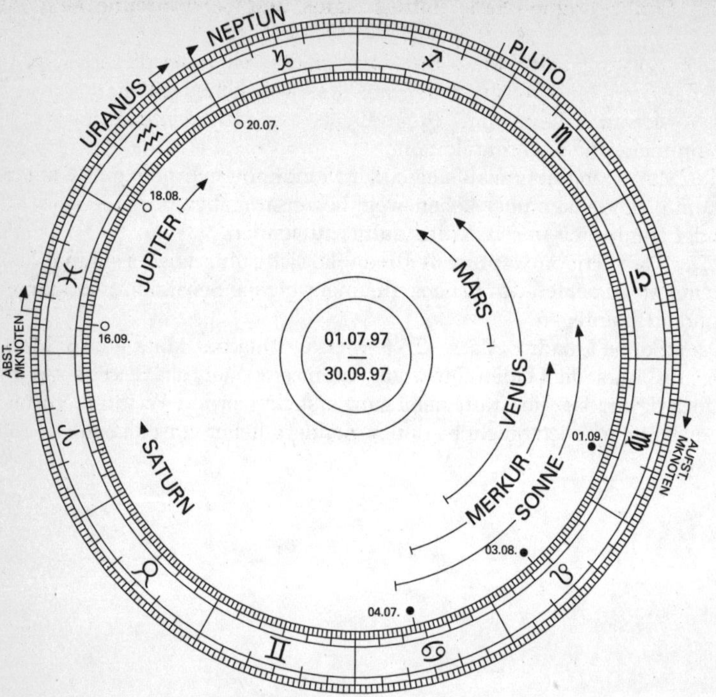

1.7.1997

Sonne	10 Grad Krebs	Jupiter	22 Grad Wassermann
Mondknoten	23 Grad Jungfrau	Saturn	20 Grad Widder
Merkur	16 Grad Krebs	Uranus	8 Grad Wassermann
Venus	3 Grad Löwe	Neptun	30 Grad Steinbock
Mars	6 Grad Waage	Pluto	4 Grad Schütze

Deutungen von Marsaspekten zu anderen Planeten III/1997

4.7. Venus Sextil Mars – 5.7. Mars Trigon Uranus: Angenehme Beziehungen zwischen den Geschlechtern, gute Tendenzen für intelligente Aktionen und ungewöhnliche Vorhaben.

15.7. Merkur Sextil Mars: Eine vielversprechende Ausgangslage für Besprechungen, Planungen und Verträge.

26.7. Mars Trigon Jupiter – 29.7. Mars Opposition Saturn: Leistungswille und Erfolgsbereitschaft sind vorhanden, aber bestimmte überpersönliche Einflüsse in der Gesellschaft behindern ein nachhaltiges Fortkommen. Die Widerstände können durch Beharrlichkeit überwunden werden.
11.8. Mars Quadrat Neptun – 23.8. Mars Quadrat Uranus: In diesen Augustwochen machen sich Illusionen und Täuschungen breit sowie ein Hang zu waghalsigen Übertreibungen und unnötigen Risiken. Politisch ist die Lage höchst umstritten.
29.8. Merkur Sextil Mars: Da der Merkur rückläufig ist, Vorsicht bei allen neuen geschäftlichen Unternehmungen. Sie müssen mit Verzögerungen rechnen.
5.9. Mars Quadrat Jupiter: Ziehen Sie Bilanz, in welche Richtung Ich-Wünsche und alte Gewohnheiten drängen und was das Leben von und mit Ihnen will.
24.9. Mars Sextil Neptun: Zeit für eine kleine Herbstpause – nehmen Sie die Dinge etwas leichter, spannen Sie wieder einmal aus.

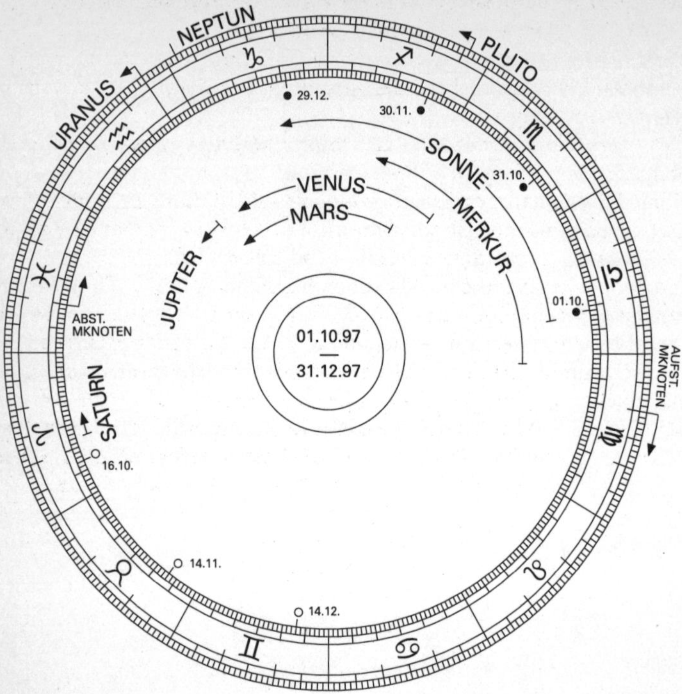

1.10.1997

Sonne	8 Grad Waage	Jupiter	13 Grad Wassermann
Mondknoten	20 Grad Jungfrau	Saturn	18 Grad Widder
Merkur	28 Grad Jungfrau	Uranu	5 Grad Wassermann
Venus	22 Grad Skorpion	Neptun	28 Grad Steinbock
Mars	2 Grad Schütze	Pluto	4 Grad Schütze

Deutungen von Marsaspekten zu anderen Planeten IV/1997
4.10. Mars Konjunktion Pluto – 4.10. Merkur Sextil Mars – 5.10. Mars Sextil Uranus: »Wille zur Macht«, »günstige Geschäfte« und »originelle Bestrebungen« sind drei Schlüsselworte für diese Aspektballung.
16.10. Mars Sextil Jupiter: Manches fällt Ihnen zu, vieles geht leichter von der Hand als sonst. Neue Lebensfreude stellt sich ein.

21.10. Mars Trigon Saturn: Nun können Sie ernten, was Sie früher gesät haben. Ihr Arbeitseinsatz lohnt sich jetzt.
23.10. Mars Quadrat Mondknotenachse: Hochfliegende Pläne und weitreichende geistige Bestrebungen unterliegen nun der genauen analytischen Prüfung.
26.10. Venus Konjunktion Mars: Eros und Trieb, Kunstsinn und Pioniergeist kommen auf ihre Kosten.
27.11. Mars Quadrat Saturn: Gehemmte Kräfte und gebremste Energien charakterisieren diesen Aspekt. Wer jetzt etwas durchsetzen will, muß schwierige Herausforderungen bestehen.
16.12. Mars Konjunktion Neptun – 26.12. Mars Sextil Pluto – 27.12. Mars Konjunktion Uranus: In diesen beiden Wochen werden wir enorme Bemühungen erleben, durch den konzentrierten Einsatz von Kräften Ziele zu erreichen. Dabei müssen wir jedoch davon ausgehen, daß dabei oft über das Ziel hinausgeschossen wird, daß die Ziele womöglich illusionär sind und daß auch eine Portion Rücksichtslosigkeit mit im Spiel ist. Für wirklich bewußt lebende Menschen sind diese Konstellationen allerdings eine große Chance zum Durchbruch!

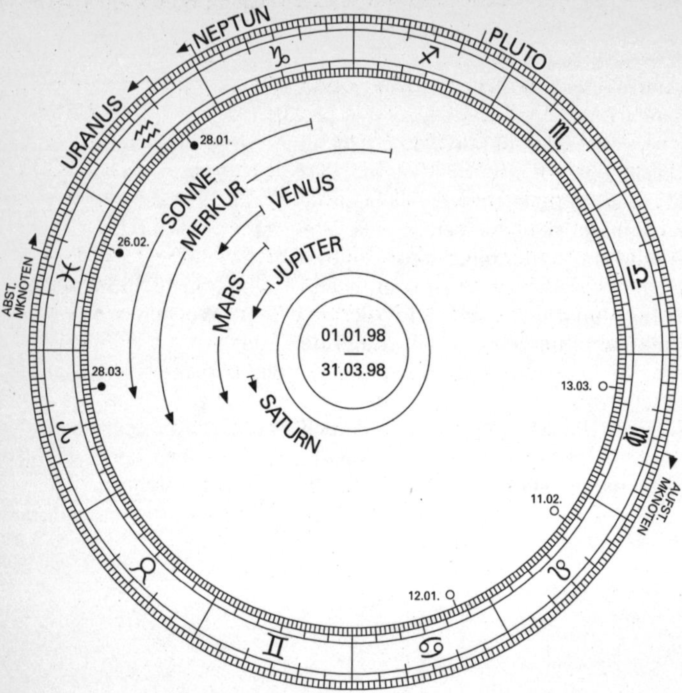

1.1.1998

Sonne	11 Grad Steinbock	Jupiter	23 Grad Wassermann
Mondknoten	13 Grad Jungfrau	Saturn	14 Grad Widder
Merkur	19 Grad Schütze	Uranus	8 Grad Wassermann
Venus	4 Grad Wassermann	Neptun	29 Grad Steinbock
Mars	11 Grad Wassermann	Pluto	7 Grad Schütze

Deutungen von Marsaspekten zu anderen Planeten I/1998

4.1. Mars Sextil Saturn: Ein guter Impuls, mit wichtigen Unternehmungen durch gezielten Einsatz von Kräften voranzukommen.

21.1. Mars Konjunktion Jupiter: Fortuna lächelt uns zu. In der Politik haben wichtige Gesetzesvorhaben jetzt eine Chance auf Verwirklichung.

4.2. Mars Quadrat Pluto: Politische Spannungen und Machtkämpfe beherrschen die »Großwetterlage«.
4.3. Venus Sextil Mars – 6.3. Mars Sextil Neptun – 11.3. Merkur Konjunktion Mars: Eine Woche voll schöpferischer Aktionen und günstiger Gelegenheiten. Urlaubspläne sowie private und berufliche Unternehmungen stehen unter einem guten Stern.
15.3. Mars Trigon Pluto – 19.3. Mars Sextil Uranus: Nun ist eine zeitweise Entspannung in der Politik und in gesellschaftlichen Auseinandersetzungen zu erwarten.
31.3. Merkur Konjunktion Mars: Merkur ist rückläufig. Hegen Sie also keine zu großen Erfolgserwartungen. Wir alle müssen mit Problemen in der Kommunikation, Verspätungen im Verkehr und Verzögerungen bei Geschäften rechnen.

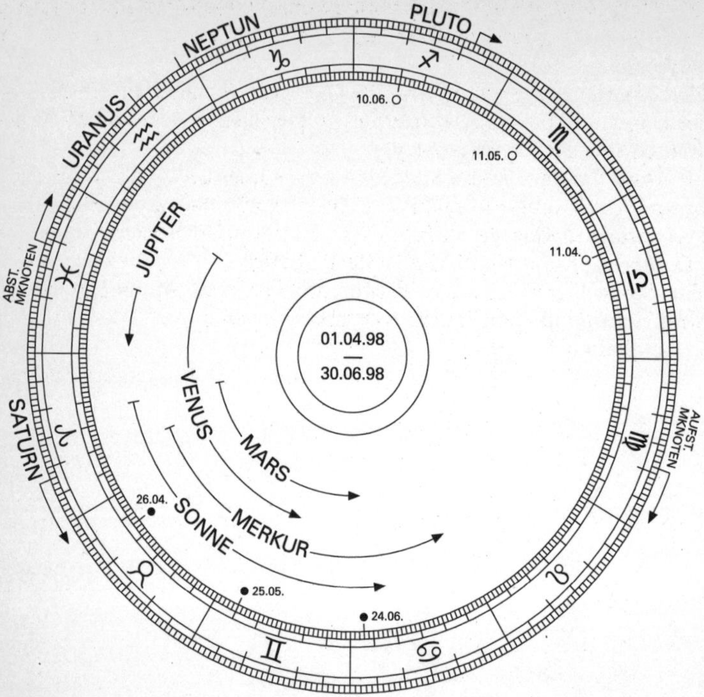

1.4.1998

Sonne	12 Grad Widder	Jupiter	14 Grad Fische
Mondknoten	11 Grad Jungfrau	Saturn	22 Grad Widder
Merkur	21 Grad Widder	Uranus	12 Grad Wassermann
Venus	25 Grad Wassermann	Neptun	2 Grad Wassermann
Mars	21 Grad Widder	Pluto	8 Grad Schütze

Deutungen von Marsaspekten zu anderen Planeten II/1998
2.4. Mars Konjunktion Saturn: Geballte Energie, hoffentlich aber sinnvoll und gezügelt eingesetzt. Falls nicht, besteht »Explosionsgefahr«.
15.4. Mars Quadrat Neptun: Neigung zur (Selbst-)Täuschung.
30.4. Mars Quadrat Uranus: Neigung zu übereilten Handlungen und Einzelaktionen.

12.5. Mars Sextil Jupiter – 12.5. Sonne Konjunktion Mars: Stabilisierung der Kräfte, schöpferische Impulse; generell eine positive Grundstimmung.
27.5. Mars Trigon Neptun: Offenheit für mehr Sensibilität, für Inspiration aus höheren Gefilden oder – etwas prosaischer – für künstlerische Projekte und für Kunstgenuß.
2.6. Mars Opposition Pluto: Offensive, womöglich sogar aggressive Kämpfe um Machtpositionen. »Der weise Mann hält sich zurück.«
5.6. Merkur Konjunktion Mars: Chancen zur offenen Aussprache und zum intensiven Fortschritt im Geschäftsleben.
10.6. Mars Trigon Uranus: Reformvorhaben sind begünstigt. Ungewöhnliche Ideen können vorangebracht werden.

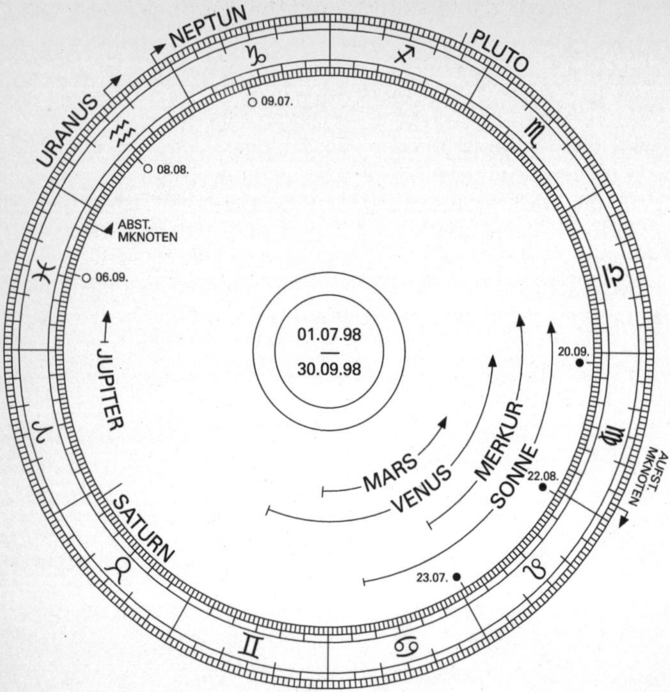

1.7.1998

Sonne	9 Grad Krebs	Jupiter	28 Grad Fische
Mondknoten	3 Grad Jungfrau	Saturn	2 Grad Stier
Merkur	1 Grad Löwe	Uranus	12 Grad Wassermann
Venus	8 Grad Zwillinge	Neptun	2 Grad Wassermann
Mars	27 Grad Zwillinge	Pluto	6 Grad Schütze

Deutungen von Marsaspekten zu anderen Planeten III/1998
2.7. Mars Quadrat Jupiter: Hochgeschraubte Hoffnungen und unrealistische Pläne können sich jetzt nicht erfüllen. Nutzen Sie diese Tage zur Innenschau!
10.7. Mars Sextil Saturn: Beharrlichkeit führt nun zum Erfolg. Neues kann sich Bahn brechen.

4.8. Venus Konjunktion Mars: Zeit zum Ausspannen, zum Urlaub, zum Privatvergnügen.

15.8. Mars Trigon Jupiter: Der freundliche Trend des letzten Aspekts setzt sich fort. Ihr Einsatz bringt Erfolg und Gewinn.

20.8. Mars Opposition Neptun: Es ist, als ob persönlichen Energien unmerklich der »Boden unter den Füßen entzogen« wird. Man ist in einer Angelegenheit aktiv, deren Grundlage sich bereits verändert hat.

26.8. Mars Quadrat Saturn: Ringen zwischen Individuum und Kollektiv, zwischen Ich-Willen und Tradition.

29.8. Mars Trigon Pluto: Chancen zur energischen Vollendung bereits begonnener Projekte.

4.9. Mars Opposition Uranus: Gefahren in Technik und Verkehr und durch elektrische Maschinerien. In den Massenmedien, vor allem im Fernsehen, aufrührerische Botschaften.

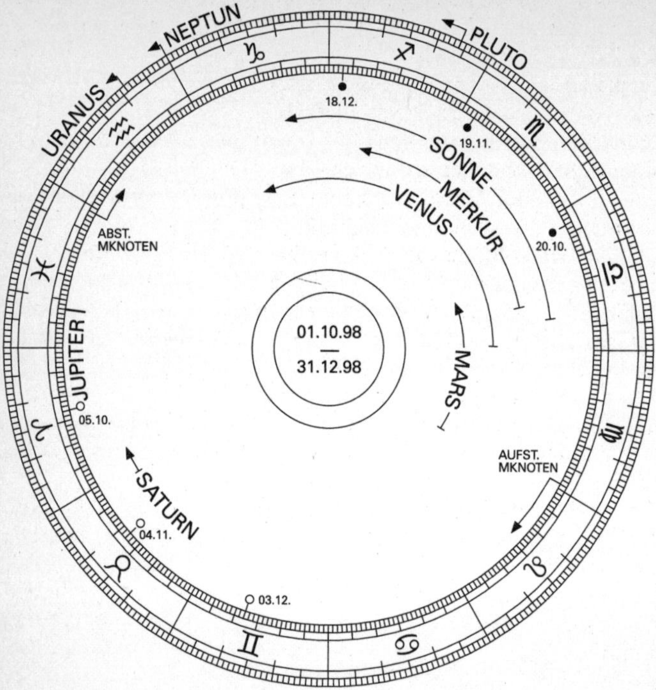

1.10.1998

Sonne	8 Grad Waage	Jupiter	22 Grad Fische
Mondknoten	1 Grad Jungfrau	Saturn	2 Grad Stier
Merkur	12 Grad Waage	Uranus	9 Grad Wassermann
Venus	1 Grad Waage	Neptun	30 Grad Steinbock
Mars	26 Grad Löwe	Pluto	6 Grad Schütze

Deutungen von Marsaspekten zu anderen Planeten IV/1998
5.10. Mars Konjunktion aufsteigender Mondknoten: Eine gute Zeit, sich neuen Herausforderungen und Aufgaben des Lebens energisch zu widmen. Es geht einen entscheidenden Schritt voran!
9.10. Mars Trigon Saturn: »Leistung lohnt« sich wieder. Einsatzbereitschaft und Erfahrung verbinden sich auf harmonische Weise.

15.10. Merkur Sextil Mars – 17.10. Mars Quadrat Pluto: Kommunikation und Kommerz bieten Chancen auf Erfolg, wenn man sie entschlossen nutzt. Eventuell werden gute Aussichten aber auch schon überschattet vom Mars/Pluto-Quadrat, das eher auf Auseinandersetzungen mit ungestümen Energien hinweist.
6.11. Mars Opposition Jupiter – 9.11. Venus Sextil Mars: Zwei eher gegenläufige Aspekte der beiden sogenannten Wohltäter Jupiter und Venus zum Mars. Insgesamt dürfte eine positive Stimmung jedoch überwiegen.
27.11. Mars Trigon Neptun: Mit Einfühlungsgabe bringen Sie Dinge besser voran als mit schierem Krafteinsatz.
5.12. Merkur Sextil Mars: Für neue berufliche Unternehmungen kein günstiges Datum, da Merkur rückläufig ist. Altes kann dagegen erledigt werden.
12.12. Mars Sextil Pluto – 16.12. Mars Trigon Uranus: Ein allgemein positiver Einfluß herrscht vor. Man kann nun gut an sich selbst arbeiten und erhält dabei unerwartete bzw. ungewöhnliche Hilfen durch günstige Umstände.
22.12. Venus Quadrat Mars: Es gibt vermutlich mehr als reichlich Anlaß für Mißverständnisse. Unüberlegtes, impulsives Drängen führt nur zu Streitigkeiten.
28.12. Merkur Sextil Mars: Jetzt können Sie noch wichtige berufliche und geschäftliche Transaktionen abschließen oder neue Vorhaben planen und beginnen.

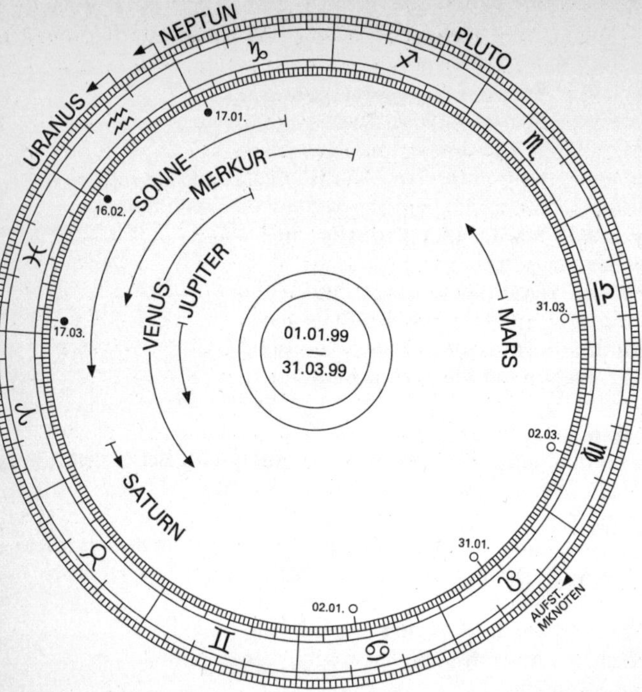

1.1.1999

Sonne	11 Grad Steinbock	Jupiter	22 Grad Fische
Mondknoten	23 Grad Löwe	Saturn	27 Grad Widder
Merkur	22 Grad Schütze	Uranus	11 Grad Wassermann
Venus	26 Grad Steinbock	Neptun	2 Grad Wassermann
Mars	19 Grad Waage	Pluto	10 Grad Schütze

Vom 18.3. bis zum 3.6. ist Mars rückläufig. Das erleben manche Menschen als »reduzierte« Energie, andere wiederum als Impuls zur Beschäftigung mit alten bzw. mit inneren Belangen.

Deutungen von Marsaspekten zu anderen Planeten I/1999
Die Marsaspekte für dieses Quartal sind nicht gerade berauschend.

Spannungen für den einzelnen und die (Welt-)Gemeinschaft sind unübersehbar; viele davon werden sich leider auch äußerlich »manifestieren«, das heißt eher gewalttätig entladen.

19.1. Mars Opposition Saturn: Der Saturn im Mars-regierten Zeichen Widder in der Opposition zum Transitmars weist auf tiefreichende Energieblockaden und heftige Auseinandersetzungen um alte Traditionen, Strukturen und Werte hin.

26.1. Merkur Quadrat Mars: Dieser Aspekt bildet sich relativ häufig und ist für sich genommen nicht dramatisch. Im Zusammenhang mit dem nächsten Aspekt gewinnt er aber an Bedeutung als »Störenfried«.

1.2. Mars Quadrat Neptun: Unklarheiten in bezug auf die eigenen Ziele, die zu egoistisch verfolgt werden; eine hohe Verfügbarkeit durch falsche Verheißungen vermeintlicher Idole sowie idealistische Träumereien.

16.2. Merkur Trigon Mars – 1.3. Sonne Trigon Mars: Eine vorübergehende Entspannung in der Wirtschafts- und Finanzwelt; neue Chancen winken.

28.3. Venus Opposition Mars: Eine Zeit zur Klärung von wichtigen Themen zwischen Partnern.

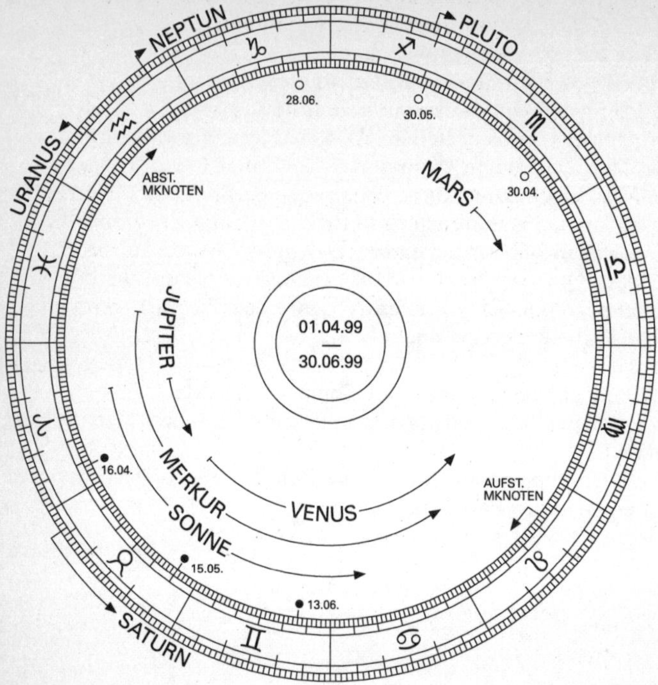

1.4.1999

Sonne	11 Grad Widder	Jupiter	12 Grad Widder
Mondknoten	22 Grad Löwe	Saturn	4 Grad Stier
Merkur	21 Grad Fische	Uranus	16 Grad Wassermann
Venus	17 Grad Stier	Neptun	5 Grad Wassermann
Mars	12 Grad Skorpion	Pluto	11 Grad Schütze

Bis zum 3.6. ist Mars noch rückläufig. Siehe auch Bemerkung dazu im Text zum I. Quartal 1999.

Deutungen von Marsaspekten zu anderen Planeten II/1999
20.4. Mars Opposition Saturn – 24.4. Mars Quadrat Neptun – 24.4. Sonne Opposition Mars: Eine schwierige Woche, in der man es sich ge-

genseitig kaum recht machen kann. Man eckt leicht an, überschüssige Energien gehen in die falsche Richtung. Für bewußt lebende Menschen eine wunderbare Gelegenheit, zu lernen und zu wachsen.

8.5. Venus Trigon Mars – 8.5. Merkur Opposition Mars: So freundlich die Stimmungen in der Partnerschaft sein mögen, so problematisch sind jetzt neue berufliche Aktivitäten.

30.5. Mars Opposition Jupiter – 31.5. Venus Quadrat Mars: Beide »Wohltäter« befinden sich in Spannungsaspekten zum Mars. Das kann eine willkommene Herausforderung bedeuten, sich neu zu entscheiden, welche Werte und welche Wünsche den Einsatz lohnen.

4.6. Merkur Trigon Mars: Das Geschäftsklima ist positiv.

17.6. Sonne Trigon Mars: Selbstvertrauen und Tatkraft verbinden sich auf harmonische Weise.

23.6. Merkur Quadrat Mars: Ein ungünstiges Datum für Austausch jeglicher Art. Mißverständnisse und Verzögerungen.

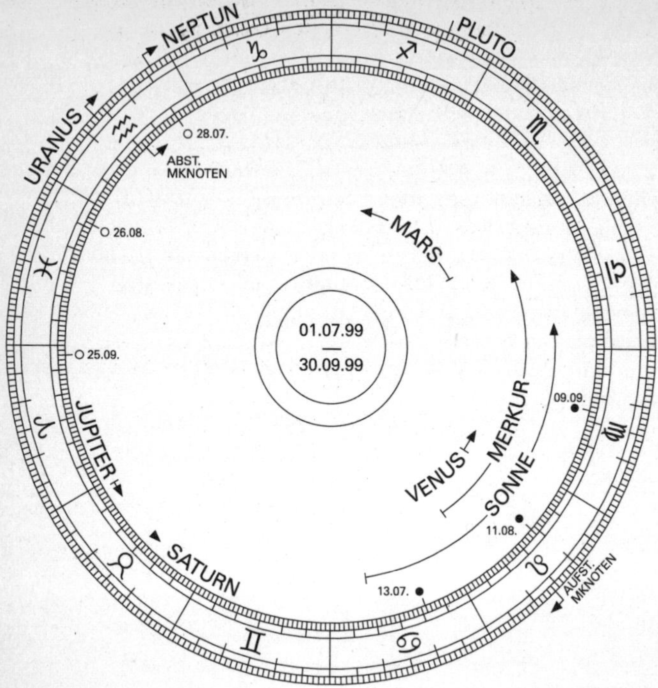

1.7.1999

Sonne	9 Grad Krebs	Jupiter	1 Grad Stier
Mondknoten	14 Grad Löwe	Saturn	15 Grad Stier
Merkur	5 Grad Löwe	Uranus	17 Grad Wassermann
Venus	23 Grad Löwe	Neptun	4 Grad Wassermann
Mars	29 Grad Waage	Pluto	9 Grad Schütze

Deutungen von Marsaspekten zu anderen Planeten III/1999

10.7. Mars Opposition Jupiter – 14.7. Mars Quadrat Neptun: Ähnlich wie die Konstellation am 30. und 31.5. Nun aber zusätzlich ein Element der Täuschung im ungünstigen bzw. der spirituellen Inspiration im günstigen Fall. In der Politik unhaltbare Versprechungen bzw. Enttäuschungen.

21.7. Merkur Quadrat Mars: Warten Sie besser noch mit Entscheidungen in Beruf und Geschäft. Versuchen Sie, sich so klar und freundlich wie möglich auszudrücken.
4.8. Mars Quadrat Mondknotenachse: Der Ich-Wille der Menschen, individuell wie kollektiv, gerät wieder auf den Prüfstand. Man fühlt sich wie hin- und hergerissen zwischen der Einsicht in die Notwendigkeit echter Lebensziele und eingefleischte alte Gewohnheiten, welche positive Energien lähmen.
7.8. Mars Quadrat Uranus – 7.8. Sonne Quadrat Mars – 11.8. Mars Opposition Saturn: Politisch ein »heißer Sommer«. Die gesellschaftlichen Gruppen und Parteien setzen ihre Kräfte mehr gegeneinander als füreinander ein. Kriegsgefahr?
24.8. Venus Quadrat Mars – 30.8. Merkur Quadrat Mars: Die problematische Grundstimmung setzt sich fort. Jetzt erreicht sie auch das Privatleben.
5.9. Mars Sextil Neptun: Neue Hoffnungen auf eine Wende zum besseren. Ob sie sich erfüllen können? Dazu bedürfte es großer spiritueller Einsicht der führenden Kräfte.
15.9. Mars Konjunktion Pluto: Gebündelte Kräfte bemühen sich um vertieften (Lebens-)Sinn. Gefahr des Fanatismus und gewalttätiger Aktionen für angeblich »höhere« Ziele. Als Folge von Ereignissen Mitte August eventuell (erneute?) Kriegsgefahr? (Siehe auch »Das apokalyptische Jahrzehnt« mit neu entschlüsselten Nostradamus-Weissagungen des Autors Manfred Dimde; Taschenbuch im Heyne Verlag, München.)
23.9. Mars Sextil Uranus – 25.9. Merkur Sextil Mars: Uranus ist die »höhere Oktave« des Merkurs. Damit haben wir es in diesen Tagen vor allem mit einer positiven Grundtendenz für geschäftliche Belange, finanzielle Planungen und »gute Nachrichten«, vor allem auch über das Fernsehen, zu tun.

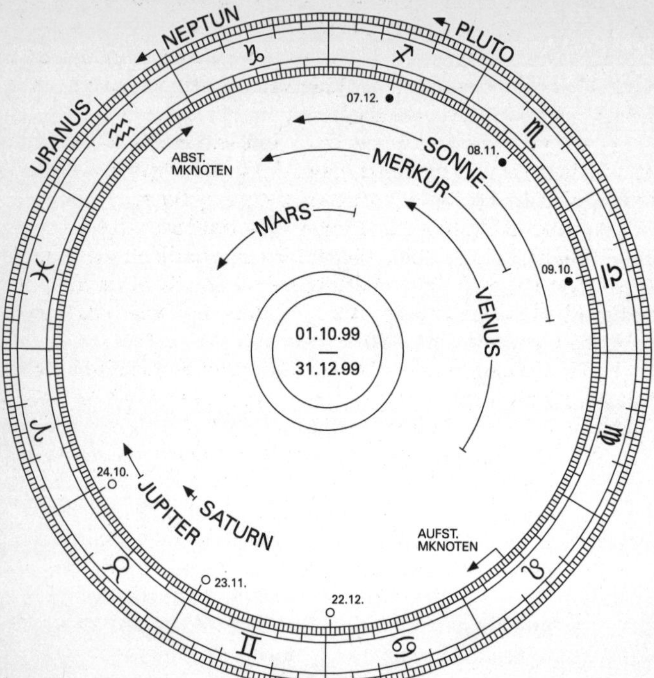

1.10.1999

Sonne	8 Grad Waage	Jupiter	3 Grad Stier
Mondknoten	12 Grad Löwe	Saturn	17 Grad Stier
Merkur	24 Grad Waage	Uranus	14 Grad Wassermann
Venus	25 Grad Löwe	Neptun	2 Grad Wassermann
Mars	19 Grad Schütze	Pluto	9 Grad Schütze

Deutungen von Marsaspekten zu anderen Planeten IV/1999
18.10. Mars Trigon Jupiter: Fortschritte sind möglich. Die Zeichen stehen auf Expansion.
4.11. Mars Trigon Saturn: Eine günstige Zeit, um an einem besseren Schicksal zu bauen.
12.11. Sonne Sextil Mars – 16.11. Merkur Sextil Mars: Es herrscht fast al-

lerorten ein freundliches Geschäftsklima, das auf einem gesunden Selbstvertrauen und Zuversicht beruht.
21.11. Mars Quadrat Jupiter – 29.11. Mars Konjunktion Neptun: Hochgespannte Erwartungen und hochfliegende Pläne werden wieder auf den Boden der Tatsachen zurückgeholt.
4.12. Mars Konjunktion absteigender Mondknoten: Konfrontation mit Folgen früherer Entscheidungen und Verhaltensweisen. Versuchung, Energien in alten, unnützen Vorlieben zu »verpulvern«.
10.12. Mars Sextil Pluto – 10.12. Mars Quadrat Saturn – 14.12. Mars Konjunktion Uranus: Kräfte, die auf eine grundlegende Wandlung drängen, werden in ihrer Entfaltung behindert. Kurz darauf ergeben sich aber überraschende neue Aspekte, die einen unerwarteten Ausgang möglich machen.
24.12. Venus Quadrat Mars – 27.12. Merkur Sextil Mars: Verstimmungen in der Partnerschaft lassen sich wenig später durch aktive Kommunikation wieder auflösen.

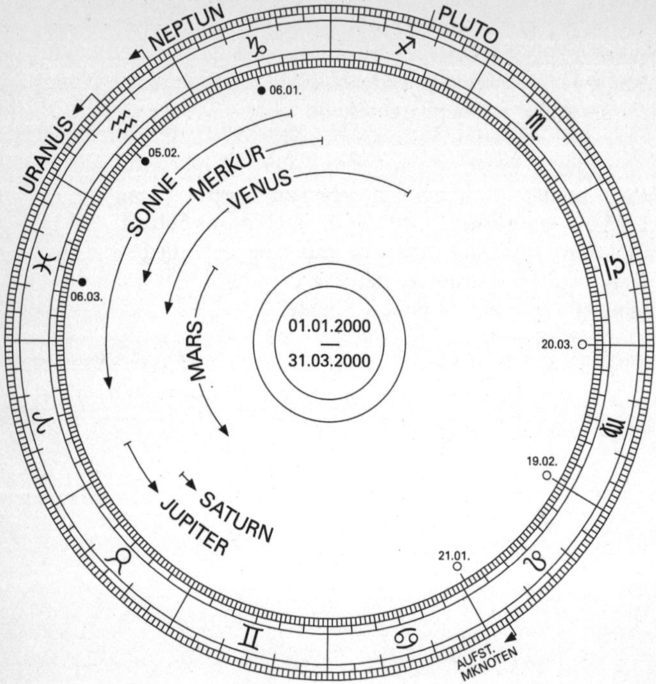

1.1.2000			
Sonne	10 Grad Steinbock	Jupiter	26 Grad Widder
Mondknoten	4 Grad Löwe	Saturn	11 Grad Stier
Merkur	2 Grad Steinbock	Uranus	15 Grad Wassermann
Venus	1 Grad Schütze	Neptun	4 Grad Wassermann
Mars	28 Grad Wassermann	Pluto	12 Grad Schütze

Deutungen von Marsaspekten zu anderen Planeten I/2000

17.1. Mars Sextil Saturn – 19.1. Mars Quadrat Pluto: Was im kleinen mutig und gut durchdacht angefangen wird, erfährt im großen leider Einschränkungen und Hindernisse.

18.2. Mars Sextil Neptun: Sie können diese Tage nutzen, um sich für Ihre »innere Stimme« zu öffnen und sich neu inspirieren zu lassen.

27.2. Venus Sextil Mars – 29.2. Mars Trigon Pluto: Jetzt ist die Zeit reif, Ideen, die Sie unter dem Aspekt vom 18.2. entwickelt haben, kreativ und kraftvoll in die Tat umzusetzen.
7.3. Mars Sextil Uranus: Ungewohnte Ideen haben Konjunktur.
31.3. Mars Quadrat Neptun: Zeit der (Ent-)Täuschungen, privat und politisch.

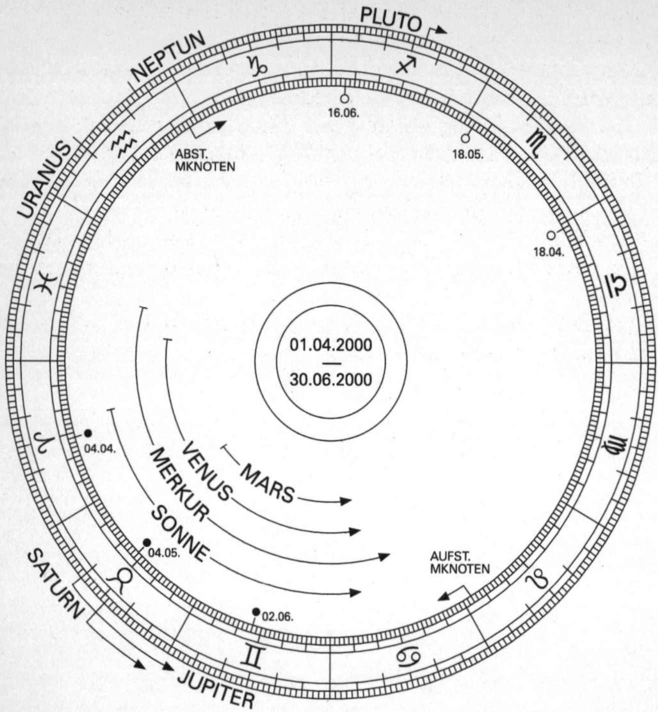

1.4.2000

Sonne	12 Grad Widder	Jupiter	10 Grad Stier
Mondknoten	2 Grad Löwe	Saturn	16 Grad Stier
Merkur	15 Grad Fische	Uranus	20 Grad Wassermann
Venus	23 Grad Fische	Neptun	7 Grad Wassermann
Mars	7 Grad Stier	Pluto R	13 Grad Schütze

Deutungen von Marsaspekten zu anderen Planeten II/2000
6.4. Mars Konjunktion Jupiter – 15.4. Mars Konjunktion Saturn: Zusätzlich zu den Mars-Konjunktionen auch fast eine »große Konjunktion« zwischen den beiden »sozialen Planeten« Jupiter und Saturn, die sich beide in der Mitte des Zeichens Stier aufhalten. Das deutet auf Kräfte hin, die ein Wende zum Besseren bewirken können.

20.4. Mars Quadrat Uranus: Reiben Sie sich nicht unnötig auf! Energien werden jetzt leicht unnütz verschwendet.
13.5. Mars Trigon Neptun: Genießen Sie den Frühling, widmen Sie sich wieder einmal den schönen Seiten des Lebens.
19.5. Merkur Konjunktion Mars – 20.5. Mars Opposition Pluto: So vorteilhaft das Klima für Kommerz und Kommunikation scheint, so behindernd dürften sich jedoch die Folgen umfassender gesellschaftlicher Streitigkeiten um Machtpositionen auswirken.
2.6. Mars Trigon Uranus: Intuitiv können Sie erfassen, für welche Projekte Ihr Einsatz lohnt. Jetzt macht es Spaß, Ungewöhnliches auszuprobieren.
21.6. Venus Konjunktion Mars: Erfreuen Sie sich an der Liebe – dabei dürfte es auch um familiäre Belange gehen.

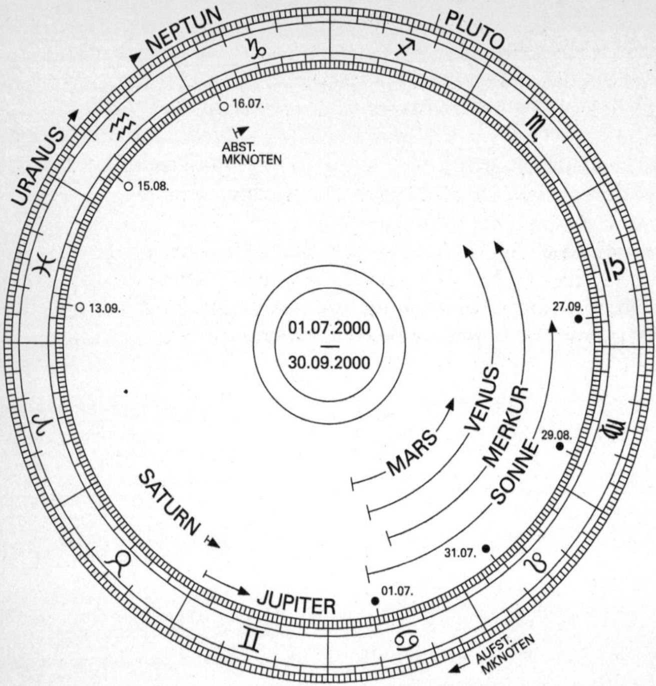

1.7.2000

Sonne	10 Grad Krebs	Jupiter	1 Grad Zwillinge
Mondknoten	25 Grad Krebs	Saturn	27 Grad Stier
Merkur	18 Grad Krebs	Uranus	21 Grad Wassermann
Venus	14 Grad Krebs	Neptun	6 Grad Wassermann
Mars	10 Grad Krebs	Pluto	11 Grad Schütze

Deutungen von Marsaspekten zu anderen Planeten III/2000
1.7. Sonne Konjunktion Mars: Mut und Tatkraft fallen jetzt wie selbstverständlich zu. Nutzen Sie dieses »Hoch«!
7.7. Merkur Konjunktion Mars: Kein günstiger Zeitpunkt für Geldangelegenheiten, Wohnungsentscheidungen oder andere finanziell relevante Dinge, denn Merkur ist rückläufig.

31.7. Mars Sextil Saturn: Sie erfahren eine freundliche Unterstützung bei wohlüberlegtem Einsatz Ihrer Kräfte.
8.8. Mars Opposition Neptun – 10.8. Merkur Konjunktion Mars: Trieb und höhere Inspiration streben in entgegengesetzte Richtungen. Am besten richten Sie Ihren Einsatz in diesen Tagen auf Themen des Innenlebens.
13.8. Mars Sextil Jupiter – 16.8. Mars Trigon Pluto: Jetzt spürt man allgemein ein Aufatmen, als ob nun wieder frische Energien zur Verfügung stehen.
29.8. Mars Opposition Uranus: Risiken durch eigenwillige Absichten und Aktionen, Gefahren im Verkehr und in der Technik.
18.9. Mars Quadrat Saturn: Jung und Alt ringen miteinander. Neuen Ideen stehen alte Sitten, Strukturen und Institutionen gegenüber. Wir müssen uns in Geduld üben.

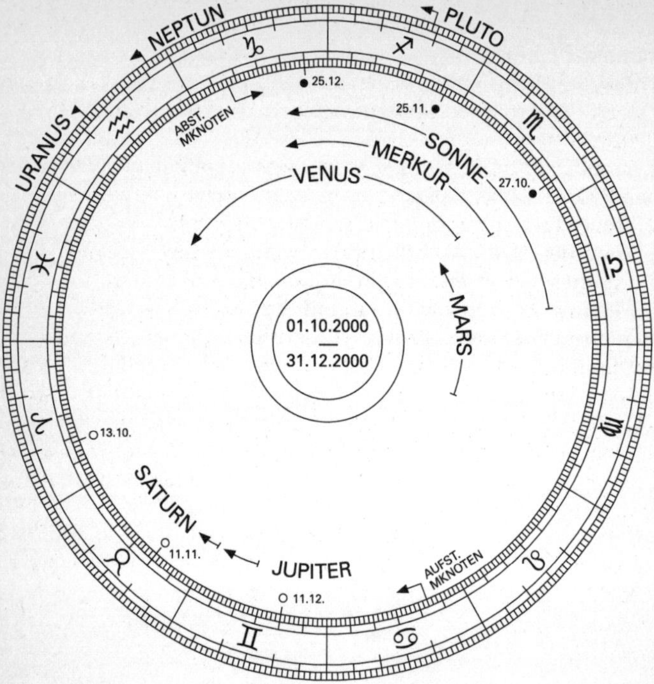

1.10.2000 – 31.12.2000

Sonne	9 Grad Waage	– 10 Grad Steinbock
Mondknoten	22 Grad Krebs	– 16 Grad Krebs
Merkur	3 Grad Skorpion	– 13 Grad Steinbock
Venus	8 Grad Skorpion	– 26 Grad Wassermann
Mars	9 Grad Jungfrau	– 5 Grad Skorpion
Jupiter	12 Grad Zwillinge	– 3 Grad Zwillinge
Saturn	1 Grad Zwillinge	– 25 Grad Stier
Uranus	18 Grad Wassermann	– 19 Grad Wassermann
Neptun	4 Grad Wassermann	– 6 Grad Wassermann
Pluto	11 Grad Schütze	– 14 Grad Schütze

Deutungen von Marsaspekten zu anderen Planeten IV/2000

2.10. Venus Sextil Mars: Gönnen Sie sich wieder einmal ein paar schöne Stunden der Zweisamkeit und der privaten Idylle.

4.10. Mars Quadrat Pluto – 4.10. Mars Quadrat Jupiter: Machtkämpfe zwischen Völkern und Nationen sowie Verteilungskämpfe in der Gesellschaft bestimmen diese Tage.

2.11. Mars Trigon Saturn: Wer jetzt etwas zu schaffen bereit ist, wird seine Mühen belohnt sehen.

10.11. Mars Trigon Neptun – 16.11. Mars Trigon Jupiter: Der freundliche Trend des Mars/Saturn-Trigons setzt sich fort. Geistige Öffnung und erfolgreiche Expansion sind »angesagt«.

22.11. Venus Quadrat Mars – 24.11. Mars Sextil Pluto: Während es im Liebesleben eher »knirscht«, kann der Wille zum Abenteuer und zur Selbstbehauptung mehr Gewicht erlangen.

2.12. Mars Trigon Uranus – 2.12. Mars Quadrat Mondknotenachse: Ungewöhnliche plötzliche Begebenheiten bieten neue Chancen für gesellschaftliche Reformen und individuellen Freiheitsdrang. Schicksalsfragen lassen uns dabei aber keine Ruhe – wir müssen uns auch dem Thema »Sinn des Lebens« widmen!

18.12. Sonne Sextil Mars – 22.12. Merkur Sextil Mars: Zum Jahresende hin gewinnen Selbstvertrauen und Zuversicht mehr Wirkung. Gute Nachrichten!

Ihr Planetenkalender für das ganze Leben

Die ganze Schöpfung, der gesamte Kosmos ist voller Schwingungen und Rhythmen, die sich nach bestimmten Zeitzyklen gestalten. Elektronen schwingen um den Atomkern auf eine natürlich geordnete Weise. Innerhalb des Sonnensystems ziehen die Planeten nach geordneten Rhythmen ihre Bahnen (normalerweise zumindest, wenn es keine größeren kosmischen »Katastrophen« gibt). Das Wachstum von Mensch, Tier und Pflanze folgt gewissen Gesetzen, denen gemeinsam ist, daß sie durch Zeitzyklen bestimmt werden. Geburt, Kindheit, Jugend, Erwachsenenzeit, Alter, Greisenalter, Tod ist der uns allen wohlvertraute grobe Rhythmus des körperlichen Lebens. Wenn wir das Muster, den Rhythmus eines Vorgangs, Ereignisses oder Prozesses erfassen, erschließen sich die Gesetze des Ablaufs und der Sinn auf eine neue Weise.
Im Rahmen der astrologischen Lebensbetrachtung gibt es »Zeitraster«, welche von den Planeten bestimmt sind. Der verstorbene Astrologe und Philosoph Thomas Ring griff den Siebener-Rhythmus auf, den auch andere Astrologen vor ihm beobachtet und als wichtig erkannt hatten, fand aber zu neuen Entsprechungen. Seine Sichtweise ist in den hier vorgestellten persönlichen Planetenkalender mit eingeflossen. (Siehe auch Thomas Ring, »Astrologische Menschenkunde – Kräfte und Kräftebeziehungen«, Bauer Verlag, Freiburg; Literaturhinweise.)

Frühphase

Das 1. Lebensjahr wird vom Mond bestimmt. Das Kind ist ganz auf die Mutter eingestellt und angewiesen. Es lebt sowohl körperlich wie seelisch mit und durch die Mutter.
Im 2. Lebensjahr beginnt sich das Kind zu artikulieren und fängt an, mit seinem Körper nach eigenem Willen umzugehen. Dieses Jahr wird vom Merkur bestimmt.
Über dem 3. Lebensjahr steht Venus. Gemeinschaftssinn entsteht, es ist die Zeit der einfachen Märchen, des Träumens und der sinnlichen Anschauung. Ring spricht auch von »infantiler Erotik« in diesem Lebensjahr.

Im 4. Lebensjahr tritt die Ausbildung des Selbstbewußtseins stärker in den Vordergrund, des Geltungsdrangs (Trotzalter!), man spricht mehr in Ich-Form und kann mittlerweile zwischen Subjekt und Objekt klar unterscheiden. Dies ist das »Sonnenjahr«.

Das 5. Lebensjahr ist in dieser Entsprechung das Marsjahr. Tätigkeitstrieb und Forscherdrang treten hervor, man versucht zu bauen und noch häufiger zur Untersuchung zu zerlegen. Der Ich-Wille bestimmt dieses Alter stark – jetzt muß der junge Mensch auch seine Grenzen kennenlernen. Er braucht viel körperliche Bewegung!

Im 6. Lebensjahr machen sich Abenteuerlust, Eroberungsdrang bemerkbar. Die Seele wird aufnahmefähig für Sinnzusammenhänge und für ein spirituell-religiöses Welterleben. Dem entspricht Jupiter.

Im 7. Lebensjahr findet die Ablösung vom Kleinkindalter statt. Mit dem Eintritt in die Schule gehen soziale Anpassung, Beginn der Eigenverantwortlichkeit und Eingewöhnung in festere Strukturen einher. Hier finden wir den Planeten Saturn als symbolischen Regenten.

Von nun an geht es in Schritten von jeweils sieben Jahren weiter. Jeder Abschnitt von sieben Jahren wird in seinem Gesamtcharakter abwechselnd von einem Planeten in der geschilderten Reihenfolge repräsentiert. Zusätzlich gilt für jedes einzelne Jahr noch der symbolische »Einfluß« des »Jahresplaneten«.

Hauptphasen

Zu den einzelnen Lebensjahren nenne ich zuerst den Planeten, dessen symbolische Qualitäten die gesamte Spanne der jeweils sieben Jahre prägt, danach den Planeten, der in dieser Abfolge für ein Jahr lang seine »Färbung« mit dazugibt. Danach folgen die zwei Schlüsselworte, welche die Qualitäten der beiden Planeten griffig – wenn auch stark vereinfacht! – repräsentieren. Diese Schlüsselworte vermitteln einen ersten Eindruck, welche Themen, Erfahrungen, Erlebnisweisen und Qualitäten in diesem Jahr besonders wichtig sind – entweder, weil Sie sie anstreben, oder weil sie Ihnen zum Problem werden. Natürlich sind nicht nur diese Merkmale allein vorhanden, aber sie kennzeichnen doch recht treffend, was das übergreifende Motto darstellt. Sie werden merken, daß ich (als »Sonnentyp«) dazu neige, die positiven Seiten des Lebens in den Vordergrund zu stellen. Probleme machen sich leider schon von selbst bemerkbar, aber wir alle richten viel zu wenig unser Augenmerk auf die Chancen, ein besseres, bewußteres und harmonischeres Leben zu führen.

8 – 14 Jahre

Die Mondphase: Zeit des traumhaften Beginns

Kindliche Entwicklung durch Nachahmung, bereitwillige Aufnahme von Informationen und Anschauungen, meist unbewußte Persönlichkeitsbildung durch unmittelbares Erleben. Positive Beispiele sind unabdingbare Voraussetzung für eine später sichere Lebensführung.

8	Mond/Mond	Gefühl/Familiensinn
9	Mond/Merkur	Gefühl/Sprechbedürfnis
10	Mond/Venus	Gefühl/Sehnsucht, geliebt zu werden
11	Mond/Sonne	Gefühl/Entwicklung von Selbstbewußtsein
12	Mond/Mars	Gefühl/Kräfte erproben
13	Mond/Jupiter	Gefühl/Entfaltungsmöglichkeit
14	Mond/Saturn	Gefühl/Konzentrationsfähigkeit

15 – 21 Jahre

Die Merkurphase: Zeit der suchenden Intelligenz

Formung eigener Standpunkte, oft noch schwankend und unreif-übertrieben; Gefahr der Verführungen und »Verirrungen«, falls keine klare geistige Führung vorhanden ist. Werte müssen von Erwachsenen klar definiert und vorgelebt werden.

15	Merkur/Mond	Verstand/Wechselnde Stimmungen
16	Merkur/Merkur	Verstand/Ausdrucksfähigkeit
17	Merkur/Venus	Verstand/Erste Liebeserfahrung
18	Merkur/Sonne	Verstand/Selbstbestimmung
19	Merkur/Mars	Verstand/Sportliche Fähigkeiten
20	Merkur/Jupiter	Verstand/Erste eigene Verdienste
21	Merkur/Saturn	Verstand/Beharrungsvermögen

22 – 28 Jahre

Die Venusphase: Zeit der Liebe und Begegnungen

Intime Begegnungen mit einem Du außerhalb der Familie, Erblühen des erotischen Erlebens. Einrichtung im Leben nach eigenem Geschmack und Vermögen; Ausbildung sozialer Lebens- und Genußformen.

22	Venus/Mond	Liebe/Aufbau eigener Familie
23	Venus/Merkur	Liebe/Kommerzielle Interessen
24	Venus/Venus	Liebe/Sehnsucht nach Intimität
25	Venus/Sonne	Liebe/Lebensfreude
26	Venus/Mars	Liebe/Erotische Höhepunkte
27	Venus/Jupiter	Liebe/Entfaltung mit dem Du
28	Venus/Saturn	Liebe/Erfahrung von Grenzen

29 – 35 Jahre

Die Sonnenphase: Zeit schöpferischer Selbstentfaltung

Oft erreicht man schon in dieser Phase einen Höhepunkt in der beruflichen Stellung, an Geltung und Erfolg. Aktive Gestaltung des Lebens; Fähigkeit, Ziele zu definieren und Pläne konstruktiv umzusetzen.

29 Sonne/Mond	Ich/Neue Lebensträume
30 Sonne/Merkur	Ich/Intelligente Selbstkritik
31 Sonne/Venus	Ich/Harmoniebedürfnis
32 Sonne/Sonne	Ich/Schöpferische Pläne
33 Sonne/Mars	Ich/Energische Verwirklichung
34 Sonne/Jupiter	Ich/Gesellschaftliche Erfolge
35 Sonne/Saturn	Ich/Standvermögen bei Problemen

36 – 42 Jahre

Die Marsphase: Zeit der angespannten Durchsetzung

Auseinandersetzung mit Widerständen und Rivalitäten. Entweder erklimmt man jetzt noch höhere Gipfel der Leistungsfähigkeit und des Erfolgs, oder es zeigen sich erste Verschleißerscheinungen wegen zu großer Verausgabung.

36 Mars/Mond	Energie/Neue Sicht der Frau
37 Mars/Merkur	Energie/Finanzielle Pläne
38 Mars/Venus	Energie/»Zweiter Frühling«
39 Mars/Sonne	Energie/Stolz auf bislang Erreichtes
40 Mars/Mars	Energie/Selbstbehauptungswille
41 Mars/Jupiter	Energie/Gerechtigkeit
42 Mars/Saturn	Energie/Konservative Einstellungen

43 – 49 Jahre

Die Jupiterphase: Zeit des Erfolgs und der Reife

Besinnung auf nichtmaterialistische Werte, Öffnung für eine gelassenere Lebenseinstellung, Rücknahme allzu aggressiver Verfolgung von Zielen. Sinnsuche oder Sinnkrise bzw. »Torschlußpanik«.

43 Jupiter/Mond	Entfaltung/Entwicklung von Häuslichkeit
44 Jupiter/Merkur	Entfaltung/Grundlegende Gelderfolge
45 Jupiter/Venus	Entfaltung/Vertieftes Liebeserleben
46 Jupiter/Sonne	Entfaltung/Sicheres Selbstvertrauen
47 Jupiter/Mars	Entfaltung/Streben nach Jugendkraft
48 Jupiter/Jupiter	Entfaltung/Wohlstand bzw. Sinnsuche
49 Jupiter/Saturn	Entfaltung/Bewahrung des Bewährten

50 – 56 Jahre
Die Saturnphase: Zeit der Bewährung und Sicherung
Nun muß sich Erreichtes bewähren – sowohl im Hinblick auf die soziale Stellung und die materielle Sicherung als auch in bezug auf persönliche Lebensführung, bisherige Charakterbildung und geistige Ausrichtung.
Ring spricht mit Blick auf diese Zeitspanne u. a. vom »biographischen Alter« und Memoiren sowie vom »hippokratischen Alter« und Krankheiten.

50	Saturn/Mond	Sicherung/Gefühle wiederentdecken
51	Saturn/Merkur	Sicherung/Über Materielles nachdenken
52	Saturn/Venus	Sicherung/Liebe wieder mehr schätzen
53	Saturn/Sonne	Sicherung/Neue Identität finden
54	Saturn/Mars	Sicherung/Frische Kräfte mobilisieren
55	Saturn/Jupiter	Sicherung/Höhere Werte verinnerlichen
56	Saturn/Saturn	Sicherung/Alter sichern wollen

Spätphasen

57 – 63 Jahre
Neue Mondphase: Umstellung von mehr weltlichen Lebenszielen auf eine eher geistige Orientierung. Gespür für die wachsende Notwendigkeit, neue überkörperliche und transzendente Lebensquellen zu erschließen.

64 – 70 Jahre
Neue Merkurphase: Ausbildung eines neuen Persönlichkeitsbewußtseins; zweckgebundenes Abwägen, was dem Menschen nutzt und was nicht. Dadurch weitere geistig-religiöse Zuwendung, wenn man früher dazu eine Basis gelegt hat.

71 – 77 Jahre
Neue Venusphase: Altersharmonie; universelle Menschenliebe oder Isolierung. Bei entsprechender Seelenneigung Öffnung für das eigene spirituelle Wesen und seine kosmische Heimat. Eine gute Zeit für Meditation. (Siehe auch Hinweis auf Meditation mit dem inneren Licht und Ton im Anhang.)

78 – 84 Jahre
Neue Sonnenphase: Wenn das Leben zuvor bewußt geführt wurde, Erkenntnis »letzter« Dinge; bisweilen Gnadenerweise in Form von Einblicken in das Jenseits. Chance, die »innere Sonne« zu sehen. Allmähliche Lösung der bewußten Seele von den Verhaftungen an Erde und Materie.
Der Rückgang körperlicher und psychischer Kräfte hat bekanntlich mehr mit der früheren Lebensführung, mit genetischer Anlage und mit persönlichem Karma zu tun als mit dem biologischen Alter. Deshalb enthält dieser Planetenkalender keine Angaben zu diesem Thema.
Mit 84 Jahren schließt sich auch der Umlaufkreis des ersten »überpersönlichen« Planeten, des Uranus. Seine Umlaufzeit beträgt 84 Jahre; diese Zahl läßt sich in den archetypischen Siebener-Rhythmus teilen: 12 x 7. Danach würde es vom 85. bis zum 91. Jahr mit einer neuen Marsphase weitergehen, dann käme eine neue Jupiterphase und danach schließlich eine neue Saturnphase. Mangels astrologischer Erfahrungen mit genügend Menschen dieser Altersstufen ist eine praxisorientierte Deutung schlecht möglich.

Ein kleiner Exkurs
Sicher haben Sie bemerkt, daß hier nur die sieben »klassischen« Planeten als Entsprechung für die Lebensphasen gewählt wurden. Da es sich bei diesen sieben um die persönlichen und die sozialen, also unmittelbar erlebbaren Planetenprinzipien handelt, scheint das auch schlüssig.
Die »kollektiven« Planetenprinzipien (Uranus, Neptun, Pluto) scheinen vielen Astrologen noch nicht bewußt erspürbar. Ich stimme dem übrigens nicht zu. In den Planetenbüchern über diese drei kollektiven Planeten will ich versuchen, Ihnen das nachvollziehbar zu erklären.
Vielleicht werden eines schönen Tages aber noch zwei weitere, die »fehlenden«, Planeten entdeckt. Sie würden dann wohl die Regentschaft für das Zeichen Jungfrau und das Zeichen Waage übernehmen. Bislang »beherrschen« nämlich nur Merkur (Zwillinge und Jungfrau) und Venus (Stier und Waage) zwei Sternzeichen.
Dann, falls zwei weitere Planeten entdeckt würden, fiele womöglich auf jede Siebener-Phase einer der dann zwölf Planeten. (Sie wissen ja, daß wir aus sprachlichen Gründen Sonne und Mond als »Planeten« bezeichnen.) Dann käme der Uranuszyklus der 12 x 7 zu neuer Geltung!

Tabelle zum Auffinden Ihrer Marsposition im Geburtshoroskop für 1920 – 2000

In der folgenden Übersicht ist die Marsposition jeweils für den Monatsbeginn eines Jahres angegeben. Beim Wechsel des Planeten von einem Tierkreiszeichen zu einem anderen innerhalb eines Monats ist der Tag des Zeichenwechsels zusätzlich notiert. Da die Planeten, von der Erde aus gesehen, zeitweise »rückwärts« zu laufen scheinen, kommt es dazu, daß die Gradangaben im Tierkreis nicht immer einfach weiter voranschreiten, sondern manchmal auch wieder zurückgehen.
Sie finden Ihre persönliche Marsposition für Ihren Geburtstag zwischen den Monatsersten, indem Sie den Mittelwert zwischen der Gradangabe vor und nach Ihrem Geburtstag ausrechnen.
Nehmen wir an, daß Sie zum Beispiel am 10. Januar 1920 geboren wurden. Für den 1. Januar 1920 ist 17 Grad Waage angegeben, für den 1. Februar 1920 1 Grad Skorpion. Also ist Ihre persönliche Marsposition bei circa 22 Grad Waage. Die Genauigkeit liegt bei etwa 1–2 Grad, exakt genug, um die Aspektdeutungen im Planetenbuch praktisch zu nutzen.

01.01.1920: 17 Grad Waage
01.02.1920: 01 Grad Skorpion
01.03.1920: 08 Grad Skorpion
15.03.1920: 10 Grad Skorpion
01.04.1920: 08 Grad Skorpion
23.04.1920: 30 Grad Waage
01.05.1920: 28 Grad Waage
01.06.1920: 21 Grad Waage
01.07.1920: 27 Grad Waage
11.07.1920: 01 Grad Skorpion
01.08.1920: 10 Grad Skorpion
01.09.1920: 28 Grad Skorpion
05.09.1920: 01 Grad Schütze
01.10.1920: 18 Grad Schütze
19.10.1920: 01 Grad Steinbock
01.11.1920: 10 Grad Steinbock
28.11.1920: 01 Grad Wassermann
01.12.1920: 03 Grad Wassermann
01.01.1921: 27 Grad Wassermann
06.01.1921: 01 Grad Fische
01.02.1921: 20 Grad Fische
14.02.1921: 01 Grad Widder
01.03.1921: 12 Grad Widder
26.03.1921: 01 Grad Stier
01.04.1921: 05 Grad Stier
01.05.1921: 27 Grad Stier
07.05.1921: 01 Grad Zwillinge
01.06.1921: 17 Grad Zwillinge
19.06.1921: 01 Grad Krebs
01.07.1921: 09 Grad Krebs
01.08.1921: 29 Grad Krebs
04.08.1921: 01 Grad Löwe
01.09.1921: 19 Grad Löwe
20.09.1921: 01 Grad Jungfrau

01.10.1921: 08 Grad Jungfrau
01.11.1921: 27 Grad Jungfrau
07.11.1921: 01 Grad Waage
01.12.1921: 15 Grad Waage
27.12.1921: 01 Grad Skorpion
01.01.1922: 04 Grad Skorpion
01.02.1922: 21 Grad Skorpion
19.02.1922: 01 Grad Schütze
01.03.1922: 06 Grad Schütze
01.04.1922: 19 Grad Schütze
01.05.1922: 25 Grad Schütze
01.06.1922: 22 Grad Schütze
01.07.1922: 13 Grad Schütze
01.08.1922: 13 Grad Schütze
01.09.1922: 24 Grad Schütze
14.09.1922: 01 Grad Steinbock
01.10.1922: 11 Grad Steinbock
31.10.1922: 01 Grad Wassermann
01.11.1922: 01 Grad Wassermann
01.12.1922: 23 Grad Wassermann
12.12.1922: 01 Grad Fische
01.01.1923: 16 Grad Fische
22.01.1923: 01 Grad Widder
01.02.1923: 08 Grad Widder
01.03.1923: 28 Grad Widder
05.03.1923: 01 Grad Stier
01.04.1923: 20 Grad Stier
17.04.1923: 01 Grad Zwillinge
01.05.1923: 11 Grad Zwillinge
31.05.1923: 01 Grad Krebs
01.06.1923: 01 Grad Krebs
01.07.1923: 21 Grad Krebs
17.07.1923: 01 Grad Löwe
01.08.1923: 11 Grad Löwe
01.09.1923: 30 Grad Löwe
02.09.1923: 01 Grad Jungfrau
01.10.1923: 20 Grad Jungfrau
19.10.1923: 01 Grad Waage
01.11.1923: 09 Grad Waage
01.12.1923: 29 Grad Waage
05.12.1923: 01 Grad Skorpion
01.01.1924: 18 Grad Skorpion
20.01.1924: 01 Grad Schütze
01.02.1924: 08 Grad Schütze
01.03.1924: 27 Grad Schütze
07.03.1924: 01 Grad Steinbock
01.04.1924: 16 Grad Steinbock
25.04.1924: 01 Grad Wassermann
01.05.1924: 04 Grad Wassermann
01.06.1924: 21 Grad Wassermann
25.06.1924: 01 Grad Fische
01.07.1924: 02 Grad Fische
01.08.1924: 05 Grad Fische
25.08.1924: 30 Grad Wassermann
01.09.1924: 29 Grad Wassermann
01.10.1924: 26 Grad Wassermann
20.10.1924: 01 Grad Fische
01.11.1924: 05 Grad Fische
01.12.1924: 20 Grad Fische
20.12.1924: 01 Grad Widder
01.01.1925: 08 Grad Widder
01.02.1925: 28 Grad Widder
06.02.1925: 01 Grad Stier
01.03.1925: 16 Grad Stier
25.03.1925: 01 Grad Zwillinge
01.04.1925: 06 Grad Zwillinge
01.05.1925: 25 Grad Zwillinge
10.05.1925: 01 Grad Krebs
01.06.1925: 14 Grad Krebs
27.06.1925: 01 Grad Löwe
01.07.1925: 03 Grad Löwe
01.08.1925: 23 Grad Löwe
13.08.1925: 01 Grad Jungfrau
01.09.1925: 13 Grad Jungfrau
29.10.1925: 01 Grad Waage
31.10.1925: 02 Grad Waage
01.11.1925: 22 Grad Waage
14.11.1925: 01 Grad Skorpion
01.12.1925: 12 Grad Skorpion
01.01.1926: 03 Grad Schütze
01.02.1926: 25 Grad Schütze
10.02.1926: 01 Grad Steinbock

01.03.1926: 15 Grad Steinbock
24.03.1926: 01 Grad Wassermann
01.04.1926: 07 Grad Wassermann
01.05.1926: 29 Grad Wassermann
04.05.1926: 01 Grad Fische
01.06.1926: 21 Grad Fische
16.06.1926: 01 Grad Widder
01.07.1926: 11 Grad Widder
01.08.1926: 30 Grad Widder
02.08.1926: 01 Grad Stier
01.09.1926: 15 Grad Stier
01.10.1926: 20 Grad Stier
01.11.1926: 13 Grad Stier
01.12.1926: 05 Grad Stier
01.01.1927: 09 Grad Stier
01.02.1927: 20 Grad Stier
23.02.1927: 01 Grad Zwillinge
01.03.1927: 04 Grad Zwillinge
01.04.1927: 21 Grad Zwllinge
18.04.1927: 01 Grad Krebs
01.05.1927: 09 Grad Krebs
01.06.1927: 27 Grad Krebs
07.06.1927: 01 Grad Löwe
01.07.1927: 15 Grad Löwe
26.07.1927: 01 Grad Jungfrau
01.08.1927: 05 Grad Jungfrau
01.09.1927: 24 Grad Jungfrau
11.09.1927: 01 Grad Waage
01.10.1927: 14 Grad Waage
27.10.1927: 01 Grad Skorpion
01.11.1927: 05 Grad Skorpion
01.12.1927: 25 Grad Skorpion
09.12.1927: 01 Grad Schütze
01.01.1928: 17 Grad Schütze
20.01.1927: 01 Grad Steinbock
01.02.1928: 10 Grad Steinbock
29.02.1928: 01 Grad Wassermann
01.03.1928: 02 Grad Wassermann
01.04.1928: 25 Grad Wassermann
08.04.1928: 01 Grad Fische
01.05.1928: 18 Grad Fische
17.05.1928: 01 Grad Widder
01.06.1928: 12 Grad Widder
27.06.1928: 01 Grad Stier
01.07.1928: 05 Grad Stier
01.08.1928: 25 Grad Stier
10.08.1928: 01 Grad Zwillinge
01.09.1928: 14 Grad Zwillinge
01.10.1928: 30 Grad Zwillinge
04.10.1928: 01 Grad Krebs
01.11.1928: 09 Grad Krebs
01.12.1928: 07 Grad Krebs
21.12.1928: 30 Grad Zwillinge
01.01.1929: 25 Grad Zwillinge
01.02.1929: 22 Grad Zwillinge
01.03.1929: 26 Grad Zwillinge
11.03.1929: 01 Grad Krebs
01.04.1929: 09 Grad Krebs
01.05.1929: 24 Grad Krebs
14.05.1929: 01 Grad Löwe
01.06.1929: 11 Grad Löwe
01.07.1929: 28 Grad Löwe
05.07.1929: 01 Grad Jungfrau
01.08.1929: 17 Grad Jungfrau
22.08.1929: 01 Grad Waage
01.09.1929: 07 Grad Waage
01.10.1929: 29 Grad Waage
07.10.1929: 01 Grad Skoprion
01.11.1929: 18 Grad Skorpion
19.11.1929: 01 Grad Schütze
01.12.1929: 09 Grad Schütze
30.12.1929: 01 Grad Steinbock
01.01.1930: 02 Grad Steinbock
01.02.1930: 26 Grad Steinbock
07.02.1930: 01 Grad Wassermann
01.03.1930: 18 Grad Wassermann
18.03.1930: 01 Grad Fische
01.04.1930: 12 Grad Fische
25.04.1930: 01 Grad Widder
01.05.1930: 05 Grad Widder
01.06.1930: 29 Grad Widder
04.06.1930: 01 Grad Stier

01.07.1930: 21 Grad Stier
15.07.1930: 01 Grad Zwillinge
01.08.1930: 13 Grad Zwillinge
29.08.1930: 01 Grad Krebs
01.09.1930: 03 Grad Krebs
01.10.1930: 20 Grad Krebs
21.10.1930: 01 Grad Löwe
01.11.1930: 06 Grad Löwe
01.12.1930: 15 Grad Löwe
01.01.1931: 16 Grad Löwe
01.02.1931: 06 Grad Löwe
17.02.1931: 30 Grad Krebs
01.03.1931: 28 Grad Krebs
31.03.1931: 01 Grad Löwe
01.04.1931: 01 Grad Löwe
01.05.1931: 11 Grad Löwe
01.06.1931: 25 Grad Löwe
11.06.1931: 01 Grad Jungfrau
01.07.1931: 12 Grad Jungfrau
01.08.1931: 30 Grad Jungfrau
02.08.1931: 01 Grad Waage
01.09.1931: 20 Grad Waage
18.09.1931: 01 Grad Skorpion
01.10.1931: 10 Grad Skorpion
31.10.1931: 01 Grad Schütze
01.11.1931: 02 Grad Schütze
01.12.1931: 24 Grad Schütze
11.12.1931: 01 Grad Steinbock
01.01.1932: 17 Grad Steinbock
19.01.1932: 01 Grad Wassermann
01.02.1932: 11 Grad Wassermann
26.02.1932: 01 Grad Fische
01.03.1932: 04 Grad Fische
01.04.1932: 29 Grad Fische
04.04.1932: 01 Grad Widder
01.05.1932: 22 Grad Widder
13.05.1932: 01 Grad Stier
01.06.1932: 15 Grad Stier
23.06.1932: 01 Grad Zwillinge
01.07.1932: 07 Grad Zwillinge
01.08.1932: 28 Grad Zwllinge
05.08.1932: 01 Grad Krebs
01.09.1932: 18 Grad Krebs
21.09.1932: 01 Grad Löwe
01.10.1932: 07 Grad Löwe
01.11.1932: 24 Grad Löwe
14.11.1932: 01 Grad Jungfrau
01.12.1932: 08 Grad Jungfrau
01.01.1933: 18 Grad Jungfrau
01.02.1933: 18 Grad Jungfrau
01.03.1933: 12 Grad Jungfrau
01.04.1933: 02 Grad Jungfrau
01.05.1933: 03 Grad Jungfrau
01.06.1933: 13 Grad Jungfrau
01.07.1933: 27 Grad Jungfrau
07.07.1933: 01 Grad Waage
01.08.1933: 15 Grad Waage
27.08.1933: 01 Grad Skorpion
01.09.1933: 04 Grad Skorpion
01.10.1933: 25 Grad Skorpion
10.10.1933: 01 Grad Schütze
01.11.1933: 17 Grad Schütze
20.11.1933: 01 Grad Steinbock
01.12.1933: 09 Grad Steinbock
29.12.1933: 01 Grad Wassermann
01.01.1934: 04 Grad Wassermann
01.02.1934: 28 Grad Wassermann
05.02.1934: 01 Grad Fische
01.03.1934: 20 Grad Fische
15.03.1934: 01 Grad Widder
01.04.1934: 14 Grad Widder
23.04.1934: 01 Grad Stier
01.05.1934: 07 Grad Stier
01.06.1934: 29 Grad Stier
03.06 1934: 01 Grad Zwillinge
01.07.1934: 20 Grad Zwillinge
16.07.1934: 01 Grad Krebs
01.08.1934: 11 Grad Krebs
31.08.1934: 01 Grad Löwe
01.09.1934: 01 Grad Löwe
01.10.1934: 20 Grad Löwe
19.10.1934: 01 Grad Jungfrau

01.11.1934: 09 Grad Jungfrau
01.12.1934: 25 Grad Jungfrau
12.12.1934: 01 Grad Waage
01.01.1935: 10 Grad Waage
01.02.1935: 21 Grad Waage
01.03.1935: 25 Grad Waage
01.04.1935: 19 Grad Waage
01.05.1935: 08 Grad Waage
01.06.1935: 08 Grad Waage
01.07.1935: 17 Grad Waage
30.07.1935: 01 Grad Skorpion
01.08.1935: 02 Grad Skorpion
01.09.1935: 20 Grad Skorpion
17.09.1935: 01 Grad Schütze
01.10.1935: 10 Grad Schütze
29.10.1935: 01 Grad Steinbock
01.11.1935: 03 Grad Steinbock
01.12.1935: 26 Grad Steinbock
08.12.1935: 01 Grad Wassermann
01.01.1936: 20 Grad Wassermann
15.01.1936: 01 Grad Fische
01.02.1936: 14 Grad Fische
23.02.1936: 01 Grad Widder
01.03.1936: 06 Grad Widder
01.04.1936: 30 Grad Widder
02.04.1936: 01 Grad Stier
01.05.1936: 22 Grad Stier
14.05.1936: 01 Grad Zwillinge
01.06.1936: 14 Grad Zwillinge
26.06.1936: 01 Grad Krebs
01.07.1936: 04 Grad Krebs
01.08.1936: 24 Grad Krebs
11.08.1936: 01 Grad Löwe
01.09.1936: 14 Grad Löwe
27.09.1936: 01 Grad Jungfrau
01.10.1936: 03 Grad Jungfrau
01.11.1936: 22 Grad Jungfrau
15.11.1936: 01 Grad Waage
01.12.1936: 10 Grad Waage
01.01.1937: 28 Grad Waage
06.01.1937: 01 Grad Skoprion
01.02.1937: 14 Grad Skorpion
01.03.1937: 26 Grad Skorpion
14.03.1937: 01 Grad Schütze
01.04.1937: 05 Grad Schütze
01.05.1937: 04 Grad Schütze
15.05.1937: 30 Grad Skorpion
01.06.1937: 25 Grad Skorpion
01.07.1937: 20 Grad Skorpion
01.08.1937: 27 Grad Skorpion
09.08.1937: 09 Grad Schütze
01.09.1937: 12 Grad Schütze
01.10.1937: 01 Grad Steinbock
01.11.1937: 23 Grad Steinbock
12.11.1937: 01 Grad Wassermann
01.12.1937: 15 Grad Wassermann
22.12.1937: 01 Grad Fische
01.01.1938: 08 Grad Fische
31.01.1938: 01 Grad Widder
01.02.1938: 02 Grad Widder
01.03.1938: 22 Grad Widder
13.03.1938: 01 Grad Stier
01.04.1938: 15 Grad Stier
24.04.1938: 01 Grad Zwillinge
01.05.1938: 05 Grad Zwillinge
01.06.1938: 26 Grad Zwllinge
08.06.1938: 01 Grad Krebs
01.07.1938: 16 Grad Krebs
23.07.1938: 01 Grad Löwe
01.08.1938: 06 Grad Löwe
01.09.1938: 26 Grad Löwe
08.09.1938: 01 Grad Jungfrau
01.10.1938: 15 Grad Jungfrau
26.10.1938: 01 Grad Waage
01.11.1938: 05 Grad Waage
01.12.1938: 24 Grad Waage
12.12.1938: 01 Grad Skorpion
01.01.1939: 13 Grad Skorpion
30.01.1939: 01 Grad Schütze
01.02.1939: 02 Grad Schütze
01.03.1939: 19 Grad Schütze
22.03.1939: 01 Grad Steinbock

01.04.1939: 06 Grad Steinbock
01.05.1939: 21 Grad Steinbock
26.05.1939: 01 Grad Wassermann
01.06.1939: 02 Grad Wassermann
01.07.1939: 05 Grad Wassermann
22.07.1939: 30 Grad Steinbock
01.08.1939: 28 Grad Steinbock
01.09.1939: 25 Grad Steinbock
25.09.1939: 01 Grad Wassermann
01.10.1939: 03 Grad Wassermann
01.11.1939: 19 Grad Wassermann
20.11.1939: 01 Grad Fische
01.12.1939: 08 Grad Fische
01.01.1940: 28 Grad Fische
05.01.1940: 01 Grad Widder
01.02.1940: 20 Grad Widder
18.02.1940: 01 Grad Stier
01.03.1940: 09 Grad Stier
01.04.1940: 30 Grad Stier
02.04.1940: 01 Grad Zwillinge
01.05.1940: 20 Grad Zwillinge
18.05.1940: 01 Grad Krebs
01.06.1940: 10 Grad Krebs
01.07.1940: 29 Grad Krebs
04.07.1940: 01 Grad Löwe
01.08.1940: 19 Grad Löwe
20.08.1940: 01 Grad Jungfrau
01.09.1940: 08 Grad Jungfrau
01.10.1940: 28 Grad Jungfrau
06.10.1940: 01 Grad Waage
01.11.1940: 18 Grad Waage
21.11.1940: 01 Grad Skorpion
01.12.1940: 07 Grad Skorpion
01.01.1941: 28 Grad Skorpion
05.01.1941: 01 Grad Schütze
01.02.1941: 19 Grad Schütze
18.02.1941: 01 Grad Steinbock
01.03.1941: 08 Grad Steinbock
01.04.1941: 29 Grad Steinbock
03.04.1941: 01 Grad Wassermann
01.05.1941: 20 Grad Wassermann
17.05.1941: 01 Grad Fische
01.06.1941: 11 Grad Fische
01.07.1941: 30 Grad Fische
03.07.1941: 01 Grad Widder
01.08.1941: 16 Grad Widder
01.09.1941: 24 Grad Widder
01.10.1941: 20 Grad Widder
01.11.1941: 12 Grad Widder
01.12.1941: 14 Grad Widder
01.01.1942: 25 Grad Widder
12.01.1942: 01 Grad Stier
01.02.1942: 11 Grad Stier
01.03.1942: 27 Grad Stier
08.03.1942: 01 Grad Zwillinge
01.04.1942: 15 Grad Zwillinge
27.04.1942: 01 Grad Krebs
01.05.1942: 03 Grad Krebs
01.06.1942: 22 Grad Krebs
15.06.1942: 01 Grad Löwe
01.07.1942: 11 Grad Löwe
01.08.1942: 30 Grad Löwe
02.08.1942: 01 Grad Jungfrau
01.09.1942: 20 Grad Jungfrau
18.09.1942: 01 Grad Waage
01.10.1942: 09 Grad Waage
01.11.1942: 30 Grad Waage
02.11.1942: 01 Grad Skorpion
01.12.1942: 20 Grad Skorpion
16.12.1942: 01 Grad Schütze
01.01.1943: 12 Grad Schütze
27.01.1943: 01 Grad Steinbock
01.02.1943: 04 Grad Steinbock
01.03.1943: 25 Grad Steinbock
09.03.1943: 01 Grad Wassermann
01.04.1943: 18 Grad Wassermann
18.04.1943: 01 Grad Fische
01.05.1943: 11 Grad Fische
28.05.1943: 01 Grad Widder
01.06.1943: 04 Grad Widder
01.07.1943: 26 Grad Widder
08.07.1943: 01 Grad Stier

01.08.1943: 17 Grad Stier
24.08.1943: 01 Grad Zwillinge
01.09.1943: 05 Grad Zwillinge
01.10.1943: 18 Grad Zwllinge
01.11.1943: 23 Grad Zwillinge
01.12.1943: 15 Grad Zwillinge
01.01.1944: 06 Grad Zwillinge
01.02.1944: 08 Grad Zwillinge
01.03.1944: 18 Grad Zwillinge
29.03.1944: 01 Grad Krebs
01.04.1944: 02 Grad Krebs
01.05.1944: 18 Grad Krebs
23.05.1944: 01 Grad Löwe
01.06.1944: 06 Grad Löwe
01.07.1944: 24 Grad Löwe
13.07.1944: 01 Grad Jungfrau
01.08.1944: 13 Grad Jungfrau
30.08.1944: 01 Grad Waage
01.09.1944: 02 Grad Waage
01.10.1944: 22 Grad Waage
14.10.1944: 01 Grad Skorpion
01.11.1944: 13 Grad Skorpion
26.11.1944: 01 Grad Schütze
01.12.1944: 04 Grad Schütze
01.01.1945: 27 Grad Schütze
06.01.1945: 01 Grad Steinbock
01.02.1945: 20 Grad Steinbock
15.02.1945: 01 Grad Wassermann
01.03.1945: 12 Grad Wassermann
26.03.1945: 01 Grad Fische
01.04.1945: 06 Grad Fische
01.05.1945: 29 Grad Fische
03.05.1945: 01 Grad Widder
01.06.1945: 23 Grad Widder
12.06.1945: 01 Grad Stier
01.07.1945: 15 Grad Stier
24.07.1945: 01 Grad Zwillinge
01.08.1945: 06 Grad Zwillinge
01.09.1945: 26 Grad Zwillinge
08.09.1945: 01 Grad Krebs
01.10.1945: 13 Grad Krebs
01.11.1945: 27 Grad Krebs
12.11.1945: 01 Grad Löwe
01.12.1945: 04 Grad Löwe
27.12.1945: 30 Grad Krebs
01.01.1946: 29 Grad Krebs
01.02.1946: 17 Grad Krebs
01.03.1946: 15 Grad Krebs
01.04.1946: 22 Grad Krebs
23.04.1946: 01 Grad Löwe
01.05.1946: 04 Grad Löwe
01.06.1946: 20 Grad Löwe
21.06.1946: 01 Grad Jungfrau
01.07.1946: 07 Grad Jungfrau
01.08.1946: 25 Grad Jungfrau
10.08.1946: 01 Grad Waage
01.09.1946: 15 Grad Waage
25.09.1946: 01 Grad Skorpion
01.10.1946: 05 Grad Skorpion
01.11.1946: 26 Grad Skorpion
07.11.1946: 01 Grad Schütze
01.12.1946: 18 Grad Schütze
18.12.1946: 01 Grad Steinbock
01.01.1947: 12 Grad Steinbock
26.01.1947: 01 Grad Wassermann
01.02.1947: 06 Grad Wassermann
01.03.1947: 28 Grad Wassermann
05.03.1947: 01 Grad Fische
01.04.1947: 22 Grad Fische
12.04.1947: 01 Grad Widder
01.05.1947: 15 Grad Widder
22.05.1947: 01 Grad Stier
01.06.1947: 09 Grad Stier
01.07.1947: 30 Grad Stier
02.07.1947: 01 Grad Zwillinge
01.08.1947: 22 Grad Zwillinge
14.08.1947: 01 Grad Krebs
01.09.1947: 12 Grad Krebs
01.10.1947: 30 Grad Krebs
02.10.1947: 01 Grad Löwe
01.11.1947: 17 Grad Löwe
01.12.1947: 30 Grad Löwe

02.12.1947: 01 Grad Jungfrau
01.01.1948: 08 Grad Jungfrau
01.02.1948: 05 Grad Jungfrau
13.02.1948: 30 Grad Löwe
01.03.1948: 24 Grad Löwe
01.04.1948: 19 Grad Löwe
01.05.1948: 24 Grad Löwe
19.05.1948: 01 Grad Jungfrau
01.06.1948: 06 Grad Jungfrau
01.07.1948: 21 Grad Jungfrau
18.07.1948: 01 Grad Waage
01.08.1948: 09 Grad Waage
01.09.1948: 29 Grad Waage
04.09.1948: 01 Grad Skorpion
01.10.1948: 19 Grad Skorpion
18.10.1948: 01 Grad Schütze
01.11.1948: 11 Grad Schütze
27.11.1948: 01 Grad Steinbock
01.12.1948: 04 Grad Steinbock
01.01.1949: 28 Grad Steinbock
05.01.1949: 01 Grad Wassermann
01.02.1949: 22 Grad Wassermann
12.02.1949: 01 Grad Fische
01.03.1949: 14 Grad Fische
22.03.1949: 01 Grad Widder
01.04.1949: 08 Grad Widder
01.05.1949: 01 Grad Stier
01.06.1949: 24 Grad Stier
11.06.1949: 01 Grad Zwillinge
01.07.1949: 15 Grad Zwillinge
24.07.1949: 01 Grad Krebs
01.08.1949: 06 Grad Krebs
01.09.1949: 27 Grad Krebs
08.09.1949: 01 Grad Löwe
01.10.1949: 15 Grad Löwe
28.10.1949: 01 Grad Jungfrau
01.11.1949: 03 Grad Jungfrau
01.12.1949: 19 Grad Jungfrau
27.12.1949: 01 Grad Waage
01.01.1950: 03 Grad Waage
01.02.1950: 11 Grad Waage
01.03.1950: 10 Grad Waage
29.03.1950: 30 Grad Jungfrau
01.04.1950: 29 Grad Jungfrau
01.05.1950: 23 Grad Jungfrau
01.06.1950: 27 Grad Jungfrau
12.06.1950: 01 Grad Waage
01.07.1950: 09 Grad Waage
01.08.1950: 25 Grad Waage
11.08.1950: 01 Grad Skorpion
01.09.1950: 14 Grad Skorpion
26.09.1950: 01 Grad Schütze
01.10.1950: 04 Grad Schütze
01.11.1950: 27 Grad Schütze
07.11.1950: 01 Grad Steinbock
01.12.1950: 19 Grad Steinbock
16.12.1950: 01 Grad Wassermann
01.01.1951: 14 Grad Wassermann
23.01.1951: 01 Grad Fische
01.02.1951: 08 Grad Fische
01.03.1951: 30 Grad Fische
02.03.1951: 01 Grad Widder
01.04.1951: 23 Grad Widder
11.04.1951: 01 Grad Stier
01.05.1951: 16 Grad Stier
22.05.1951: 01 Grad Zwillinge
01.06.1951: 08 Grad Zwilinge
01.07.1951: 28 Grad Zwillinge
04.07.1951: 01 Grad Krebs
01.08.1951: 19 Grad Krebs
19.08.1951: 01 Grad Löwe
01.09.1951: 09 Grad Löwe
01.10.1951: 28 Grad Löwe
06.10.1951: 01 Grad Jungfrau
01.11.1951: 17 Grad Jungfrau
25.11.1951: 01 Grad Waage
01.12.1951: 04 Grad Waage
01.01.1952: 21 Grad Waage
21.01.1952: 01 Grad Skorpion
01.02.1952: 06 Grad Skorpion
01.03.1952: 16 Grad Skorpion
01.04.1952: 19 Grad Skorpion

.05.1952: 11 Grad Skorpion
01.06.1952: 02 Grad Skorpion
01.07.1952: 04 Grad Skorpion
01.08.1952: 16 Grad Skorpion
28.08.1952: 01 Grad Schütze
01.09.1952: 03 Grad Schütze
01.10.1952: 23 Grad Schütze
13.10.1952: 01 Grad Steinbock
01.11.1952: 15 Grad Steinbock
22.11.1952: 01 Grad Wassermann
01.12.1952: 07 Grad Wassermann
31.12.1952: 01 Grad Fische
01.01.1953: 01 Grad Fische
01.02.1953: 25 Grad Fische
09.02.1953: 01 Grad Widder
01.03.1953: 16 Grad Widder
21.03.1953: 01 Grad Stier
01.04.1953: 09 Grad Stier
01.05.1953: 30 Grad Stier
02.05.1953: 01 Grad Zwillinge
01.06.1953: 22 Grad Zwillinge
15.06.1953: 01 Grad Krebs
01.07.1953: 12 Grad Krebs
30.07.1953: 01 Grad Löwe
01.08.1953: 02 Grad Löwe
01.09.1953: 22 Grad Löwe
15.09.1953: 01 Grad Jungfrau
01.10.1953: 11 Grad Jungfrau
01.11.1953: 30 Grad Jungfrau
02.11.1953: 01 Grad Waage
01.12.1953: 19 Grad Waage
21.12.1953: 01 Grad Skorpion
01.01.1954: 07 Grad Skorpion
01.02.1954: 22 Grad Skorpion
10.02.1954: 01 Grad Schütze
01.03.1954: 11 Grad Schütze
01.04.1954: 26 Grad Schütze
13.04.1954: 01 Grad Steinbock
01.05.1954: 06 Grad Steinbock
01.06.1954: 09 Grad Steinbock
01.07.1954: 01 Grad Steinbock
04.07.1954: 30 Grad Schütze
01.08.1954: 26 Grad Schütze
25.08.1954: 01 Grad Steinbock
01.09.1954: 03 Grad Steinbock
01.10.1954: 18 Grad Steinbock
22.10.1954: 01 Grad Wassermann
01.11.1954: 07 Grad Wassermann
01.12.1954: 28 Grad Wassermann
05.12.1954: 01 Grad Fische
01.01.1955: 22 Grad Fische
16.01.1955: 01 Grad Widder
01.02.1955: 13 Grad Widder
27.02.1955: 01 Grad Stier
01.03.1955: 02 Grad Stier
01.04.1955: 24 Grad Stier
11.04.1955: 01 Grad Zwillinge
01.05.1955: 14 Grad Zwillinge
27.05.1955: 01 Grad Krebs
01.06.1955: 04 Grad Krebs
01.07.1955: 24 Grad Krebs
12.07.1955: 01 Grad Löwe
01.08.1955: 14 Grad Löwe
28.08.1955: 01 Grad Jungfrau
01.09.1955: 03 Grad Jungfrau
01.10.1955: 23 Grad Jungfrau
14.10.1955: 01 Grad Waage
01.11.1955: 12 Grad Waage
30.11.1955: 01 Grad Skorpion
01.12.1955: 02 Grad Skorpion
01.01.1956: 22 Grad Skorpion
15.01.1956: 01 Grad Schütze
01.02.1956: 12 Grad Schütze
29.02.1956: 01 Grad Steinbock
01.03.1956: 01 Grad Steinbock
01.04.1956: 21 Grad Steinbock
15.04.1956: 01 Grad Wassermann
01.05.1956: 11 Grad Wassermann
01.06.1956: 29 Grad Wassermann
04.06.1956: 01 Grad Fische
01.07.1956: 14 Grad Fische
01.08.1956: 24 Grad Fische

01.09.1956: 21 Grad Fische
01.10.1956: 14 Grad Fische
01.11.1956: 17 Grad Fische
01.12.1956: 28 Grad Fische
07.12.1956: 01 Grad Widder
01.01.1957: 14 Grad Widder
29.01.1957: 01 Grad Stier
01.02.1957: 03 Grad Stier
01.03.1957: 20 Grad Stier
18.03.1957: 01 Grad Zwillinge
01.04.1957: 09 Grad Zwillinge
01.05.1957: 28 Grad Zwillinge
05.05.1957: 01 Grad Krebs
01.06.1957: 18 Grad Krebs
22.06.1957: 01 Grad Löwe
01.07.1957: 06 Grad Löwe
01.08.1957: 26 Grad Löwe
09.08.1957: 01 Grad Jungfrau
01.09.1957: 16 Grad Jungfrau
25.09.1957: 01 Grad Waage
01.10.1957: 05 Grad Waage
01.11.1957: 25 Grad Waage
09.11.1957: 01 Grad Skorpion
01.12.1957: 15 Grad Skorpion
24.12.1957: 01 Grad Schütze
01.01.1958: 07 Grad Schütze
01.02.1958: 29 Grad Schütze
04.02.1958: 01 Grad Steinbock
01.03.1958: 19 Grad Steinbock
18.03.1958: 01 Grad Wassermann
01.04.1958: 11 Grad Wassermann
28.04.1958: 01 Grad Fische
01.05.1958: 03 Grad Fische
01.06.1958: 26 Grad Fische
08.06.1958: 01 Grad Widder
01.07.1958: 17 Grad Widder
22.07.1958: 01 Grad Stier
01.08.1958: 07 Grad Stier
01.09.1958: 23 Grad Stier
22.09.1958: 01 Grad Zwillinge
01.10.1958: 02 Grad Zwillinge
30.10.1958: 30 Grad Stier
01.11.1958: 30 Grad Stier
01.12.1958: 20 Grad Stier
01.01.1959: 18 Grad Stier
01.02.1959: 27 Grad Stier
11.02.1959: 01 Grad Zwillinge
01.03.1959: 09 Grad Zwillinge
01.04.1959: 25 Grad Zwillinge
11.04.1959: 01 Grad Krebs
01.05.1959: 12 Grad Krebs
01.06.1959: 30 Grad Krebs
02.06.1959: 01 Grad Löwe
01.07.1959: 19 Grad Löwe
21.07.1959: 01 Grad Jungfrau
01.08.1959: 08 Grad Jungfrau
01.09.1959: 27 Grad Jungfrau
06.09.1959: 01 Grad Waage
01.10.1959: 17 Grad Waage
22.10.1959: 01 Grad Skorpion
01.11.1959: 08 Grad Skorpion
01.12.1959: 29 Grad Skorpion
04.12.1959: 01 Grad Schütze
01.01.1960: 21 Grad Schütze
15.01.1960: 01 Grad Steinbock
01.02.1960: 14 Grad Steinbock
24.02.1960: 01 Grad Wassermann
01.03.1960: 06 Grad Wassermann
01.04.1960: 30 Grad Wassermann
03.04.1960: 01 Grad Fische
01.05.1960: 23 Grad Fische
12.05.1960: 01 Grad Widder
01.06.1960: 16 Grad Widder
21.06.1960: 01 Grad Stier
01.07.1960: 08 Grad Stier
01.08.1960: 30 Grad Stier
03.08.1960: 01 Grad Zwillinge
01.09.1960: 19 Grad Zwillinge
22.09.1960: 01 Grad Krebs
01.10.1960: 05 Grad Krebs
01.11.1960: 17 Grad Krebs
01.12.1960: 18 Grad Krebs

01.01.1961: 09 Grad Krebs
01.02.1961: 01 Grad Krebs
06.02.1961: 30 Grad Zwillinge
08.02.1961: 01 Grad Krebs
01.03.1961: 03 Grad Krebs
01.04.1961: 14 Grad Krebs
01.05.1961: 28 Grad Krebs
07.05.1961: 01 Grad Löwe
01.06.1961: 14 Grad Löwe
29.06.1961: 01 Grad Jungfrau
01.07.1961: 02 Grad Jungfrau
01.08.1961: 20 Grad Jungfrau
18.08.1961: 01 Grad Waage
01.09.1961: 10 Grad Waage
01.10.1961: 30 Grad Waage
02.10.1961: 01 Grad Skorpion
01.11.1961: 21 Grad Skorpion
14.11.1961: 01 Grad Schütze
01.12.1961: 13 Grad Schütze
25.12.1961: 01 Grad Steinbock
01.01.1962: 06 Grad Steinbock
01.02.1962: 30 Grad Steinbock
02.02.1962: 01 Grad Wassermann
01.03.1962: 22 Grad Wassermann
13.03.1962: 01 Grad Fische
01.04.1962: 16 Grad Fische
20.04.1962: 01 Grad Widder
01.05.1962: 09 Grad Widder
29.05.1962: 01 Grad Stier
01.06.1962: 03 Grad Stier
01.07.1962: 25 Grad Stier
10.07.1962: 01 Grad Zwillinge
01.08.1962: 16 Grad Zwillinge
23.08.1962: 01 Grad Krebs
01.09.1962: 07 Grad Krebs
01.10.1962: 24 Grad Krebs
12.10.1962: 01 Grad Löwe
01.11.1962: 10 Grad Löwe
01.12.1962: 22 Grad Löwe
01.01.1963: 25 Grad Löwe
01.02.1963: 17 Grad Löwe
01.03.1963: 07 Grad Löwe
01.04.1963: 07 Grad Löwe
01.05.1963: 16 Grad Löwe
01.06.1963: 29 Grad Löwe
04.06.1963: 01 Grad Jungfrau
01.07.1963: 15 Grad Jungfrau
28.07.1963: 01 Grad Waage
01.08.1963: 03 Grad Waage
01.09.1963: 23 Grad Waage
13.09.1963: 01 Grad Skorpion
01.10.1963: 13 Grad Skorpion
26.10.1963: 01 Grad Schütze
01.11.1963: 05 Grad Schütze
01.12.1963: 27 Grad Schütze
06.12.1963: 01 Grad Steinbock
01.01.1964: 21 Grad Steinbock
14.01.1964: 01 Grad Wassermann
01.02.1964: 15 Grad Wassermann
21.02.1964: 01 Grad Fische
01.03.1964: 08 Grad Fische
30.03.1964: 01 Grad Widder
01.04.1964: 02 Grad Widder
01.05.1964: 26 Grad Widder
08.05.1964: 01 Grad Stier
01.06.1964: 19 Grad Stier
18.06.1964: 01 Grad Zwillinge
01.07.1964: 10 Grad Zwillinge
31.07.1964: 01 Grad Krebs
01.08.1964: 01 Grad Krebs
01.09.1964: 22 Grad Krebs
16.09.1964: 01 Grad Löwe
01.10.1964: 10 Grad Löwe
01.11.1964: 28 Grad Löwe
07.11.1964: 01 Grad Jungfrau
01.12.1964: 13 Grad Jungfrau
01.01.1965: 24 Grad Jungfrau
01.02.1965: 28 Grad Jungfrau
01.03.1965: 22 Grad Jungfrau
01.04.1965: 12 Grad Jungfrau
01.05.1965: 10 Grad Jungfrau
01.06.1965: 18 Grad Jungfrau

30.06.1965: 01 Grad Waage
01.07.1965: 01 Grad Waage
01.08.1965: 19 Grad Waage
21.08.1965: 01 Grad Skorpion
01.09.1965: 08 Grad Skorpion
01.10.1965: 28 Grad Skorpion
05.10.1965: 01 Grad Schütze
01.11.1965: 21 Grad Schütze
15.11.1965: 01 Grad Steinbock
01.12.1965: 25 Grad Steinbock
08.12.1965: 01 Grad Wassermann
01.01.1966: 07 Grad Wassermann
31.01.1966: 01 Grad Fische
01.02.1966: 02 Grad Fische
01.03.1966: 24 Grad Fische
10.03.1966: 01 Grad Widder
01.04.1966: 18 Grad Widder
18.04.1966: 01 Grad Stier
01.05.1966: 10 Grad Stier
29.05.1966: 01 Grad Zwillinge
01.06.1966: 03 Grad Zwillinge
01.07.1966: 24 Grad Zwillinge
12.07.1966: 01 Grad Krebs
01.08.1966: 14 Grad Krebs
26.08.1966: 01 Grad Löwe
01.09.1966: 05 Grad Löwe
01.10.1966: 23 Grad Löwe
13.10.1966: 01 Grad Jungfrau
01.11.1966: 12 Grad Jungfrau
01.12.1966: 29 Grad Jungfrau
05.12.1966: 01 Grad Waage
01.01.1967: 15 Grad Waage
01.02.1967: 27 Grad Waage
13.02.1967: 01 Grad Skorpion
01.03.1967: 03 Grad Skorpion
01.04.1967: 30 Grad Waage
01.05.1967: 20 Grad Waage
01.06.1967: 16 Grad Waage
01.07.1967: 23 Grad Waage
20.07.1967: 01 Grad Skorpion
01.08.1967: 07 Grad Skorpion
01.09.1967: 25 Grad Skorpion
11.09.1967: 01 Grad Schütze
01.10.1967: 15 Grad Schütze
24.10.1967: 01 Grad Steinbock
01.11.1967: 07 Grad Steinbock
01.12.1967: 30 Grad Steinbock
02.12.1967: 01 Grad Wassermann
01.01.1968: 24 Grad Wassermann
10.01.1968: 01 Grad Fische
01.02.1968: 18 Grad Fische
18.02.1968: 01 Grad Widder
01.03.1968: 10 Grad Widder
28.03.1968: 01 Grad Stier
01.04.1968: 03 Grad Stier
01.05.1968: 25 Grad Stier
09.05.1968: 01 Grad Zwillinge
01.06.1968: 17 Grad Zwillinge
22.06.1968: 01 Grad Krebs
01.07.1968: 07 Grad Krebs
01.08.1968: 27 Grad Krebs
06.08.1968: 01 Grad Löwe
01.09.1968: 17 Grad Löwe
22.09.1968: 01 Grad Jungfrau
01.10.1968: 06 Grad Jungfrau
01.11.1968: 25 Grad Jungfrau
10.11.1968: 01 Grad Waage
01.12.1968: 14 Grad Waage
30.12.1968: 01 Grad Skorpion
01.01.1969: 02 Grad Skorpion
01.02.1969: 19 Grad Skorpion
26.02.1969: 01 Grad Schütze
01.03.1969: 02 Grad Schütze
01.04.1969: 13 Grad Schütze
01.05.1969: 17 Grad Schütze
01.06.1969: 10 Grad Schütze
01.07.1969: 03 Grad Schütze
01.08.1969: 06 Grad Schütze
01.09.1969: 19 Grad Schütze
22.09.1969: 01 Grad Steinbock
01.10.1969: 07 Grad Steinbock
01.11.1969: 28 Grad Steinbock

05.11.1969: 01 Grad Wassermann
01.12.1969: 20 Grad Wassermann
16.12.1969: 01 Grad Fische
01.01.1970: 13 Grad Fische
25.01.1970: 01 Grad Widder
01.02.1970: 06 Grad Widder
01.03.1970: 26 Grad Widder
08.03.1970: 01 Grad Stier
01.04.1970: 18 Grad Stier
19.04.1970: 01 Grad Zwillinge
01.05.1970: 09 Grad Zwillinge
01.06.1970: 30 Grad Zwillinge
03.06.1970: 01 Grad Krebs
01.07.1970: 19 Grad Krebs
19.07.1970: 01 Grad Löwe
01.08.1970: 09 Grad Löwe
01.09.1970: 29 Grad Löwe
04.09.1970: 01 Grad Jungfrau
01.10.1970: 18 Grad Jungfrau
21.10.1970: 01 Grad Waage
01.11.1970: 08 Grad Waage
01.12.1970: 27 Grad Waage
07.12.1970: 01 Grad Skorpion
01.01.1971: 17 Grad Skorpion
24.01.1971: 01 Grad Schütze
01.02.1971: 06 Grad Schütze
01.03.1971: 24 Grad Schütze
13.03.1971: 01 Grad Steinbock
01.04.1971: 12 Grad Steinbock
01.05.1971: 29 Grad Steinbock
04.05.1971: 01 Grad Wassermann
01.06.1971: 14 Grad Wassermann
01.07.1971: 22 Grad Wassermann
01.08.1971: 20 Grad Wassermann
01.09.1971: 13 Grad Wassermann
01.10.1971: 15 Grad Wassermann
01.11.1971: 28 Grad Wassermann
07.11.1971: 01 Grad Fische
01.12.1971: 14 Grad Fische
27.12.1971: 01 Grad Widder
01.01.1972: 04 Grad Widder
01.02.1972: 24 Grad Widder
11.02.1972: 01 Grad Stier
01.03.1972: 13 Grad Stier
28.03.1972: 01 Grad Zwillinge
01.04.1972: 04 Grad Zwillinge
01.05.1972: 23 Grad Zwillinge
13.05.1972: 01 Grad Krebs
01.06.1972: 13 Grad Krebs
29.06.1972: 01 Grad Löwe
01.07.1972: 02 Grad Löwe
01.08.1972: 22 Grad Löwe
16.08.1972: 01 Grad Jungfrau
01.09.1972: 11 Grad Jungfrau
01.10.1972: 01 Grad Waage
01.11.1972: 21 Grad Waage
16.11.1972: 01 Grad Skorpion
01.12.1972: 11 Grad Skorpion
31.12.1972: 01 Grad Schütze
01.01.1973: 01 Grad Schütze
01.02.1973: 23 Grad Schütze
13.02.1973: 01 Grad Steinbock
01.03.1973: 12 Grad Steinbock
27.03.1973: 01 Grad Wassermann
01.04.1973: 04 Grad Wassermann
01.05.1973: 25 Grad Wassermann
09.05.1973: 01 Grad Fische
01.06.1973: 17 Grad Fische
21.06.1973: 01 Grad Widder
01.07.1973: 07 Grad Widder
01.08.1973: 25 Grad Widder
13.08.1973: 01 Grad Stier
01.09.1973: 07 Grad Stier
01.10.1973: 09 Grad Stier
30.10.1973: 30 Grad Widder
01.11.1973: 30 Grad Widder
01.12.1973: 26 Grad Widder
25.12.1973: 01 Grad Stier
01.01.1974: 03 Grad Stier
01.02.1974: 17 Grad Stier
28.02.1974: 01 Grad Zwillinge
01.03.1974: 01 Grad Zwillinge

01.04.1974: 19 Grad Zwillinge
21.04.1974: 01 Grad Krebs
01.05.1974: 07 Grad Krebs
01.06.1974: 26 Grad Krebs
10.06.1974: 01 Grad Löwe
01.07.1974: 14 Grad Löwe
28.07.1974: 01 Grad Jungfrau
01.08.1974: 03 Grad Jungfrau
01.09.1974: 23 Grad Jungfrau
13.09.1974: 01 Grad Waage
01.10.1974: 12 Grad Waage
29.10.1974: 01 Grad Skorpion
01.11.1974: 03 Grad Skorpion
01.12.1974: 24 Grad Skorpion
11.12.1974: 01 Grad Schütze
01.01.1975: 15 Grad Schütze
22.01.1975: 01 Grad Steinbock
01.02.1975: 08 Grad Steinbock
01.03.1975: 29 Grad Steinbock
04.03.1975: 01 Grad Wassermann
01.04.1975: 22 Grad Wassermann
12.04.1975: 01 Grad Fische
01.05.1975: 15 Grad Fische
22.05.1975: 01 Grad Widder
01.06.1975: 08 Grad Widder
01.07.1975: 30 Grad Widder
02.07.1975: 01 Grad Stier
01.08.1975: 22 Grad Stier
15.08.1975: 01 Grad Zwillinge
01.09.1975: 11 Grad Zwillinge
01.10.1975: 25 Grad Zwillinge
18.10.1975: 01 Grad Krebs
01.11.1975: 03 Grad Krebs
26.11.1975: 30 Grad Zwillinge
01.12.1975: 29 Grad Zwillinge
01.01.1976: 18 Grad Zwillinge
01.02.1976: 16 Grad Zwillinge
01.03.1976: 23 Grad Zwillinge
19.03.1976: 01 Grad Krebs
01.04.1976: 07 Grad Krebs
01.05.1976: 22 Grad Krebs
17.05.1976: 01 Grad Löwe
01.06.1976: 09 Grad Löwe
01.07.1976: 27 Grad Löwe
07.07.1976: 01 Grad Jungfrau
01.08.1976: 16 Grad Steinbock
25.08.1976: 01 Grad Waage
01.09.1976: 05 Grad Waage
01.10.1976: 25 Grad Waage
09.10.1976: 01 Grad Skorpion
01.11.1976: 16 Grad Skorpion
21.11.1976: 01 Grad Schütze
01.12.1976: 08 Grad Schütze
01.01.1977: 30 Grad Schütze
02.01.1977: 01 Grad Steinbock
01.02.1977: 24 Grad Steinbock
10.02.1977: 01 Grad Wassermann
01.03.1977: 16 Grad Wassermann
21.03.1977: 01 Grad Fische
01.04.1977: 10 Grad Fische
28.04.1977: 01 Grad Widder
01.05.1977: 03 Grad Widder
01.06.1977: 27 Grad Widder
07.06.1977: 01 Grad Stier
01.07.1977: 19 Grad Stier
18.07.1977: 01 Grad Zwillinge
01.08.1977: 10 Grad Zwillinge
01.09.1977: 30 Grad Zwillinge
02.09.1977: 01 Grad Krebs
01.10.1977: 18 Grad Krebs
27.10.1977: 01 Grad Löwe
01.11.1977: 03 Grad Löwe
01.12.1977: 11 Grad Löwe
01.01.1978: 10 Grad Löwe
27.01.1978: 30 Grad Krebs
01.02.1978: 28 Grad Krebs
01.03.1978: 23 Grad Krebs
01.04.1978: 27 Grad Krebs
11.04.1978: 01 Grad Löwe
01.05.1978: 08 Grad Löwe
01.06.1978: 23 Grad Löwe
15.06.1978: 01 Grad Jungfrau

01.07.1978: 10 Grad Jungfrau
01.08.1978: 28 Grad Jungfrau
05.08.1978: 01 Grad Waage
01.09.1978: 18 Grad Waage
20.09.1978: 01 Grad Skorpion
01.10.1978: 08 Grad Skorpion
01.11.1978: 30 Grad Skorpion
03.11.1978: 01 Grad Schütze
01.12.1978: 22 Grad Schütze
13.12.1978: 01 Grad Steinbock
01.01.1979: 15 Grad Steinbock
21.01.1979: 01 Grad Wassermann
01.02.1979: 09 Grad Wassermann
28.02.1979: 01 Grad Fische
01.03.1979: 01 Grad Fische
01.04.1979: 26 Grad Fische
08.04.1979: 01 Grad Widder
01.05.1979: 19 Grad Widder
17.05.1979: 01 Grad Stier
01.06.1979: 12 Grad Stier
27.06.1979: 01 Grad Zwillinge
01.07.1979: 04 Grad Zwillinge
01.08.1979: 25 Grad Zwillinge
09.08.1979: 01 Grad Krebs
01.09.1979: 16 Grad Krebs
25.09.1979: 01 Grad Löwe
01.10.1979: 04 Grad Löwe
01.11.1979: 21 Grad Löwe
20.11.1979: 01 Grad Jungfrau
01.12.1979: 05 Grad Jungfrau
01.01.1980: 14 Grad Jungfrau
01.02.1980: 14 Grad Jungfrau
01.03.1980: 04 Grad Jungfrau
12.03.1980: 30 Grad Löwe
01.04.1980: 27 Grad Löwe
01.05.1980: 30 Grad Löwe
05.05.1980: 01 Grad Jungfrau
01.06.1980: 11 Grad Jungfrau
01.07.1980: 25 Grad Jungfrau
11.07.1980: 01 Grad Waage
01.08.1980: 13 Grad Waage
30.08.1980: 01 Grad Skorpion
01.09.1980: 02 Grad Skorpion
01.10.1980: 23 Grad Skorpion
13.10.1980: 01 Grad Schütze
01.11.1980: 15 Grad Schütze
23.11.1980: 01 Grad Steinbock
01.12.1980: 07 Grad Steinbock
31.12.1980: 01 Grad Wassermann
01.01.1981: 01 Grad Wassermann
01.02.1981: 26 Grad Wassermann
07.02.1981: 01 Grad Fische
01.03.1981: 18 Grad Fische
18.03.1981: 01 Grad Widder
01.04.1981: 12 Grad Widder
26.04.1981: 01 Grad Stier
01.05.1981: 05 Grad Stier
01.06.1981: 27 Grad Stier
06.06.1981: 01 Grad Zwillinge
01.07.1981: 19 Grad Zwillinge
19.07.1981: 01 Grad Krebs
01.08.1981: 10 Grad Krebs
01.09.1981: 30 Grad Krebs
03.09.1981: 01 Grad Löwe
01.10.1981: 19 Grad Löwe
22.10.1981: 01 Grad Jungfrau
01.11.1981: 07 Grad Jungfrau
01.12.1981: 23 Grad Jungfrau
17.12.1981: 01 Grad Waage
01.01.1982: 08 Grad Waage
01.02.1982: 17 Grad Waage
01.03.1982: 19 Grad Waage
01.04.1982: 11 Grad Waage
01.05.1982: 02 Grad Waage
01.06.1982: 03 Grad Waage
01.07.1982: 13 Grad Waage
01.08.1982: 29 Grad Waage
04.08.1982: 01 Grad Skorpion
01.09.1982: 18 Grad Skorpion
21.09.1982: 01 Grad Schütze
01.10.1982: 08 Grad Schütze
01.11.1982: 01 Grad Steinbock

01.12.1982: 23 Grad Steinbock
11.12.1982: 01 Grad Wassermann
01.01.1983: 18 Grad Wassermann
18.01.1983: 01 Grad Fische
01.02.1983: 12 Grad Fische
26.02.1983: 01 Grad Widder
01.03.1983: 04 Grad Widder
01.04.1983: 27 Grad Widder
06.04.1983: 01 Grad Stier
01.05.1983: 19 Grad Stier
17.05.1983: 01 Grad Zwillinge
01.06.1983: 11 Grad Zwillinge
30.06.1983: 01 Grad Krebs
01.07.1983: 02 Grad Krebs
01.08.1983: 22 Grad Krebs
14.08.1983: 01 Grad Löwe
01.09.1983: 12 Grad Löwe
01.10.1983: 01 Grad Jungfrau
01.11.1983: 20 Grad Jungfrau
19.11.1983: 01 Grad Waage
01.12.1983: 08 Grad Waage
01.01.1984: 25 Grad Waage
12.01.1984: 01 Grad Skorpion
01.02.1984: 11 Grad Skorpion
01.03.1984: 22 Grad Skorpion
01.04.1984: 29 Grad Skorpion
01.05.1984: 25 Grad Skorpion
01.06.1984: 15 Grad Skorpion
01.07.1984: 13 Grad Skorpion
01.08.1984: 22 Grad Skorpion
18.08.1984: 01 Grad Schütze
01.09.1984: 08 Grad Schütze
01.10.1984: 28 Grad Schütze
06.10.1984: 01 Grad Steinbock
01.11.1984: 20 Grad Steinbock
16.11.1984: 01 Grad Wassermann
01.12.1984: 12 Grad Wassermann
26.12.1984: 01 Grad Fische
01.01.1985: 06 Grad Fische
01.02.1985: 29 Grad Fische
03.02.1985: 01 Grad Widder
01.03.1985: 20 Grad Widder
16.03.1985: 01 Grad Stier
01.04.1985: 13 Grad Stier
27.04.1985: 01 Grad Zwillinge
01.05.1985: 04 Grad Zwillinge
01.06.1985: 25 Grad Zwillinge
10.06.1985: 01 Grad Krebs
01.07.1985: 15 Grad Krebs
26.07.1985: 01 Grad Löwe
01.08.1985: 05 Grad Löwe
01.09.1985: 25 Grad Löwe
11.09.1985: 01 Grad Jungfrau
01.10.1985: 14 Grad Jungfrau
28.10.1985: 01 Grad Waage
01.11.1985: 03 Grad Waage
01.12.1985: 22 Grad Waage
15.12.1985: 01 Grad Skorpion
01.01.1986: 11 Grad Skorpion
01.02.1986: 30 Grad Skorpion
03.02.1986: 01 Grad Schütze
01.03.1986: 16 Grad Schütze
29.03.1986: 01 Grad Steinbock
01.04.1986: 02 Grad Steinbock
01.05.1986: 16 Grad Steinbock
01.06.1986: 23 Grad Steinbock
01.07.1986: 21 Grad Steinbock
01.08.1986: 13 Grad Steinbock
01.09.1986: 15 Grad Steinbock
01.10.1986: 26 Grad Steinbock
10.10.1986: 01 Grad Wassermann
01.11.1986: 14 Grad Wassermann
27.11.1986: 01 Grad Fische
01.12.1986: 04 Grad Fische
01.01.1987: 25 Grad Fische
09.01.1987: 01 Grad Widder
01.02.1987: 17 Grad Widder
21.02.1987: 01 Grad Stier
01.03.1987: 06 Grad Stier
01.04.1987: 27 Grad Stier
06.04.1987: 01 Grad Zwillinge
01.05.1987: 17 Grad Zwillinge

22.05.1987: 01 Grad Krebs
01.06.1987: 08 Grad Krebs
01.07.1987: 27 Grad Krebs
07.07.1987: 01 Grad Löwe
01.08.1987: 17 Grad Löwe
23.08.1987: 01 Grad Jungfrau
01.09.1987: 06 Grad Jungfrau
01.10.1987: 25 Grad Jungfrau
09.10.1987: 01 Grad Waage
01.11.1987: 15 Grad Waage
25.11.1987: 01 Grad Skorpion
01.12.1987: 05 Grad Skorpion
01.01.1988: 25 Grad Skorpion
09.01.1988: 01 Grad Schütze
01.02.1988: 16 Grad Schütze
23.02.1988: 01 Grad Steinbock
01.03.1988: 06 Grad Steinbock
01.04.1988: 27 Grad Steinbock
07.04.1988: 01 Grad Wassermann
01.05.1988: 17 Grad Wassermann
23.05.1988: 01 Grad Fische
01.06.1988: 07 Grad Fische
01.07.1988: 24 Grad Fische
14.07.1988: 01 Grad Widder
01.08.1988: 08 Grad Widder
01.09.1988: 12 Grad Widder
01.10.1988: 05 Grad Widder
24.10.1988: 30 Grad Fische
01.11.1988: 30 Grad Fische
02.11.1988: 01 Grad Widder
01.12.1988: 07 Grad Widder
01.01.1989: 21 Grad Widder
20.01.1989: 01 Grad Stier
01.02.1989: 08 Grad Stier
01.03.1989: 24 Grad Stier
12.03.1989: 01 Grad Zwillinge
01.04.1989: 13 Grad Zwillinge
30.04.1989: 01 Grad Krebs
01.05.1989: 02 Grad Krebs
01.06.1989: 21 Grad Krebs
17.06.1989: 01 Grad Löwe
01.07.1989: 09 Grad Löwe
01.08.1989: 29 Grad Löwe
04.08.1989: 01 Grad Jungfrau
01.09.1989: 19 Grad Jungfrau
20.09.1989: 01 Grad Waage
01.10.1989: 08 Grad Waage
01.11.1989: 28 Grad Waage
05.11.1989: 01 Grad Skorpion
01.12.1989: 19 Grad Skorpion
19.12.1989: 01 Grad Schütze
01.01.1990: 10 Grad Schütze
30.01.1990: 01 Grad Steinbock
01.02.1990: 02 Grad Steinbock
01.03.1990: 23 Grad Steinbock
12.03.1990: 01 Grad Wassermann
01.04.1990: 16 Grad Wassermann
21.04.1990: 01 Grad Fische
01.05.1990: 08 Grad Fische
01.06.1990: 01 Grad Widder
01.07.1990: 23 Grad Widder
13.07.1990: 01 Grad Stier
01.08.1990: 13 Grad Stier
01.09.1990: 01 Grad Zwillinge
01.10.1990: 12 Grad Zwillinge
01.11.1990: 14 Grad Zwillinge
01.12.1990: 05 Grad Zwillinge
15.12.1990: 30 Grad Stier
01.01.1991: 28 Grad Stier
22.01.1991: 01 Grad Zwillinge
01.02.1991: 03 Grad Zwillinge
01.03.1991: 14 Grad Zwillinge
01.04.1991: 29 Grad Zwillinge
04.04.1991: 01 Grad Krebs
01.05.1991: 16 Grad Krebs
27.05.1991: 01 Grad Löwe
01.06.1991: 04 Grad Löwe
01.07.1991: 22 Grad Löwe
16.07.1991: 01 Grad Jungfrau
01.08.1991: 11 Grad Jungfrau
01.09.1991: 30 Grad Jungfrau
02.09.1991: 01 Grad Waage

01.10.1991: 20 Grad Waage
17.10.1991: 01 Grad Skorpion
01.11.1991: 11 Grad Skorpion
30.11.1991: 01 Grad Schütze
01.12.1991: 02 Grad Schütze
01.01.1992: 24 Grad Schütze
10.01.1992: 01 Grad Steinbock
01.02.1992: 17 Grad Steinbock
19.02.1992: 01 Grad Wassermann
01.03.1992: 10 Grad Wassermann
29.03.1992: 01 Grad Fische
01.04.1992: 04 Grad Fische
01.05.1992: 27 Grad Fische
06.05.1992: 01 Grad Widder
01.06.1992: 20 Grad Widder
15.06.1992: 01 Grad Stier
01.07.1992: 12 Grad Stier
27.07.1992: 01 Grad Zwillinge
01.08.1992: 04 Grad Zwillinge
01.09.1992: 23 Grad Zwillinge
13.09.1992: 01 Grad Krebs
01.10.1992: 11 Grad Krebs
01.11.1992: 23 Grad Krebs
01.12.1992: 28 Grad Krebs
01.01.1993: 21 Grad Krebs
01.02.1993: 11 Grad Krebs
01.03.1993: 10 Grad Krebs
01.04.1993: 19 Grad Krebs
28.04.1993: 01 Grad Löwe
01.05.1993: 02 Grad Löwe
01.06.1993: 18 Grad Löwe
24.06.1993: 01 Grad Jungfrau
01.07.1993: 05 Grad Jungfrau
01.08.1993: 24 Grad Jungfrau
13.08.1993: 01 Grad Waage
01.09.1993: 13 Grad Waage
28.09.1993: 01 Grad Skorpion
01.10.1993: 03 Grad Skorpion
01.11.1993: 25 Grad Skorpion
10.11.1993: 01 Grad Schütze
01.12.1993: 15 Grad Schütze
21.12.1993: 01 Grad Steinbock
01.01.1994: 10 Grad Steinbock
29.01.1994: 01 Grad Wassermann
01.02.1994: 03 Grad Wassermann
01.03.1994: 25 Grad Wassermann
08.03.1994: 01 Grad Fische
01.04.1994: 20 Grad Fische
15.04.1994: 01 Grad Widder
01.05.1994: 13 Grad Widder
24.05.1994: 01 Grad Stier
01.06.1994: 07 Grad Stier
01.07.1994: 28 Grad Stier
04.07.1994: 01 Grad Zwillinge
01.08.1994: 20 Grad Zwillinge
17.08.1994: 01 Grad Krebs
01.09.1994: 10 Grad Krebs
01.10.1994: 28 Grad Krebs
05.10.1994: 01 Grad Löwe
01.11.1994: 15 Grad Löwe
01.12.1994: 27 Grad Löwe
13.12.1994: 01 Grad Jungfrau
01.01.1995: 03 Grad Jungfrau
23.01.1995: 30 Grad Löwe
01.02.1995: 28 Grad Löwe
01.03.1995: 17 Grad Löwe
01.04.1995: 14 Grad Löwe
01.05.1995: 21 Grad Löwe
26.05.1995: 01 Grad Jungfrau
01.06.1995: 03 Grad Jungfrau
01.07.1995: 19 Grad Jungfrau
22.07.1995: 01 Grad Waage
01.08.1995: 07 Grad Waage
01.09.1995: 26 Grad Waage
08.09.1995: 01 Grad Skorpion
01.10.1995: 17 Grad Skorpion
21.10.1995: 01 Grad Schütze
01.11.1995: 09 Grad Schütze
01.12.1995: 01 Grad Steinbock
01.01.1996: 25 Grad Steinbock
09.01.1996: 01 Grad Wassermann
01.02.1996: 19 Grad Wassermann

16.02.1996: 01 Grad Fische
01.03.1996: 12 Grad Fische
25.03.1996: 01 Grad Widder
01.04.1996: 06 Grad Widder
01.05.1996: 29 Grad Widder
03.06.1996: 01 Grad Stier
10.06.1996: 22 Grad Stier
13.06.1996: 01 Grad Zwillinge
01.07.1996: 13 Grad Zwillinge
26.07.1996: 01 Grad Krebs
01.08.1996: 05 Grad Krebs
01.09.1996: 25 Grad Krebs
10.09.1996: 01 Grad Löwe
01.10.1996: 14 Grad Löwe
31.10.1996: 01 Grad Jungfrau
01.11.1996: 01 Grad Jungfrau
01.12.1996: 17 Grad Jungfrau
01.01.1997: 30 Grad Jungfrau
04.01.1997: 01 Grad Waage
01.02.1997: 06 Grad Waage
01.03.1997: 03 Grad Waage
09.03.1997: 30 Grad Jungfrau
01.04.1997: 22 Grad Jungfrau
01.05.1997: 17 Grad Jungfrau
01.06.1997: 23 Grad Jungfrau
20.06.1997: 01 Grad Waage
01.07.1997: 06 Grad Waage
01.08.1997: 23 Grad Waage
15.08.1997: 01 Grad Skorpion
01.09.1997: 12 Grad Skorpion
29.09.1997: 01 Grad Schütze
01.10.1997: 02 Grad Schütze
01.11.1997: 24 Grad Schütze
10.11.1997: 01 Grad Steinbock
01.12.1997: 17 Grad Steinbock
19.12.1997: 01 Grad Wassermann
01.01.1998: 11 Grad Wassermann
26.01.1998: 01 Grad Fische
01.02.1998: 06 Grad Fische
01.03.1998: 28 Grad Fische
05.03.1998: 01 Grad Widder
01.04.1998: 21 Grad Widder
14.04.1998: 01 Grad Stier
01.05.1998: 14 Grad Stier
25.05.1998: 01 Grad Zwillinge
01.06.1998: 06 Grad Zwillinge
01.07.1998: 27 Grad Zwillinge
07.07.1998: 01 Grad Krebs
01.08.1998: 18 Grad Krebs
21.08.1998: 01 Grad Löwe
01.09.1998: 08 Grad Löwe
01.10.1998: 26 Grad Löwe
08.10.1998: 01 Grad Jungfrau
01.11.1998: 15 Grad Jungfrau
28.11.1998: 01 Grad Waage
01.12.1998: 02 Grad Waage
01.01.1999: 19 Grad Waage
27.01.1999: 01 Grad Skorpion
01.02.1999: 03 Grad Skorpion
01.03.1999: 11 Grad Skorpion
01.04.1999: 12 Grad Skorpion
01.05.1999: 02 Grad Skorpion
06.05.1999: 30 Grad Waage
01.06.1999: 25 Grad Waage
01.07.1999: 29 Grad Waage
06.07.1999: 01 Grad Skorpion
01.08.1999: 12 Grad Skorpion
01.09.1999: 29 Grad Skorpion
03.09.1999: 01 Grad Schütze
01.10.1999: 19 Grad Schütze
18.10.1999: 01 Grad Steinbock
01.11.1999: 11 Grad Steinbock
27.11.1999: 01 Grad Wassermann
01.12.1999: 04 Grad Wassermann
01.01.2000: 28 Grad Wassermann
05.01.2000: 01 Grad Fische
01.02.2000: 22 Grad Fische
13.02.2000: 01 Grad Widder
01.03.2000: 14 Grad Widder
24.03.2000: 01 Grad Stier
01.04.2000: 07 Grad Stier
01.05.2000: 29 Grad Stier

04.05.2000: 01 Grad Zwillinge
01.06.2000: 20 Grad Zwillinge
17.06.2000: 01 Grad Krebs
01.07.2000: 10 Grad Krebs
01.08.2000: 30 Grad Krebs
02.08.2000: 01 Grad Löwe
01.09.2000: 20 Grad Löwe
18.08.2000: 01 Grad Jungfrau
01.10.2000: 09 Grad Jungfrau
01.11.2000: 20 Grad Jungfrau
05.11.2000: 01 Grad Waage
01.12.2000: 17 Grad Waage
24.12.2000: 01 Grad Skorpion
31.12.2000: 05 Grad Skorpion

Tabelle zur Bestimmung des ungefähren Aszendenten

Sie sollten Ihren Aszendenten genau ausrechnen lassen. Dazu braucht man die Angaben zum Geburtstag, zum Geburtsort und zur Geburtszeit, am besten auf mindestens fünf Minuten genau. Auf die Angaben der Eltern ist erfahrungsgemäß leider wenig Verlaß. Am besten schreiben Sie an das Standesamt Ihres Geburtsorts und bitten um die offizielle Eintragung der Geburtszeit im amtlichen Register. Legen Sie einen adressierten und frankierten Rückumschlag bei.

Damit Sie nun aber wenigstens ungefähr Ihren persönlichsten Punkt im Horoskop, Ihren Aszendenten, kennen, ist hier eine Tabelle abgedruckt, aus der Sie ihn in etwa ablesen können. Ungenauigkeiten ergeben sich nicht nur dadurch, daß Sie selbst Ihre Geburtszeit vielleicht nicht genau wissen, sondern auch dadurch, daß der Aszendent von der geographischen Position auf der Erde abhängt. Wenn ein Mensch um 9 Uhr früh am 2. April in Berlin geboren wird, so ist sein Aszendent anders als der von jemandem, der zwar genau zur selben Minute geboren wurde, aber zum Beispiel sehr viel weiter westlich und südlich, also etwa in Zürich. Hundertprozentig genau ist die folgende Tabelle nicht – sonst müßten mehrere Tabellen für die verschiedenen geographischen Positionen in Mitteleuropa abgedruckt sein –, aber sie reicht, um den Aszendenten und die Häuserpositionen in etwa zu bestimmen. Nach diesen notwendigen Vorbemerkungen nun zur Schnellbestimmung Ihres Aszendenten.

Die Tabelle gilt für Mitteleuropa. Die Geburtstage sind pro Tierkreiszeichen in drei »Dekaden« aufgeteilt.

- Sie kennen Ihren Geburtstag.
- Sie kennen (bzw. vermuten) Ihre Geburtszeit. Runden Sie diese auf fünf Minuten ab oder auf.
- Prüfen Sie in einer Sommerzeittabelle, ob es an Ihrem Geburtstag eine sogenannte Sommerzeit gab. Falls ja, müssen Sie von Ihrer Geburtszeit eine Stunde abziehen!
- Suchen Sie Ihren Geburtstag in der richtigen Dekade in der Tabelle.
- Suchen Sie unter der Spanne der Uhrzeiten, die dort angegeben sind, die Spanne, in welche Ihre Geburtszeit fällt (die eventuell bereits um die minus eine Stunde Sommerzeit korrigiert wurde).

- Lesen Sie ab, welches Tierkreiszeichen an Ihrem Aszendenten stand.
- Sie können auch abschätzen, ob Ihr Aszendent mehr am Anfang, in der Mitte oder am Ende des Zeichens stand, je nachdem, ob sich Ihre Geburtszeit mehr am Anfang, in der Mitte oder am Ende der angegebenen Zeitspanne befindet.

Widder

Geburtstag	21.3.-31.3.	01.4.-10.4.	11.4.-20.4.
Aszendent	Geburtszeit	Geburtszeit	Geburtszeit
Widder	06h30–07h30	06h00–07h00	05h15–06h15
Stier	07h30–08h45	07h00–08h15	06h15–07h30
Zwillinge	08h45–10h30	08h15–10h00	07h30–09h15
Krebs	10h30–13h00	10h00–12h30	09h15–11h45
Löwe	13h00–15h45	12h30–15h15	11h45–14h30
Jungfrau	15h45–18h30	15h15–18h00	14h30–17h15
Waage	18h30–21h15	18h00–20h45	17h15–20h00
Skorpion	21h15–24h00	20h45–23h30	20h00–22h45
Schütze	00h00–02h30	23h30–02h00	22h45–01h15
Steinbock	02h30–04h15	02h00–03h45	01h15–03h00
Wassermann	04h15–05h30	03h45–05h00	03h00–04h15
Fische	05h30–06h30	05h00–06h00	04h15–05h15

Stier

Geburtstag	21.4.-30.4.	01.5.-10.5.	11.5.-21.5.
Aszendent	Geburtszeit	Geburtszeit	Geburtszeit
Widder	04h30–05h30	04h00–05h00	03h30–04h30
Stier	05h30–06h45	05h00–06h15	04h30–05h45
Zwillinge	06h45–08h30	06h15–08h00	05h45–07h30
Krebs	08h30–11h00	08h00–10h30	07h30–10h00
Löwe	11h00–13h45	10h30–13h15	10h00–12h45
Jungfrau	13h45–16h30	13h15–16h00	12h45–15h30
Waage	16h30–19h15	16h00–18h45	15h30–18h15
Skorpion	19h15–22h00	18h45–21h30	18h15–21h00
Schütze	22h00–00h30	21h30–24h00	21h00–23h30
Steinbock	00h30–02h15	00h00–01h45	23h30–01h15
Wassermann	02h15–03h30	01h45–03h00	01h15–02h30
Fische	03h30–04h30	03h00–04h00	02h30–03h30

Zwillinge

Geburtstag	22.5.-31.5.	01.6.-10.6.	11.6.-21.6.
Aszendent	Geburtszeit	Geburtszeit	Geburtszeit

Widder	03h00–04h00	02h30–03h30	01h45–02h45
Stier	04h00–05h15	03h30–04h45	02h45–04h00
Zwillinge	05h15–07h00	04h45–06h30	04h00–05h45
Krebs	07h00–09h30	06h30–09h00	05h45–08h15
Löwe	09h30–12h15	09h00–11h45	08h15–11h00
Jungfrau	12h15–15h00	11h45–14h30	11h00–13h45
Waage	15h00–17h45	14h30–17h15	13h45–16h30
Skorpion	17h45–20h30	17h15–20h00	16h30–19h15
Schütze	20h30–23h00	20h00–22h30	19h15–21h45
Steinbock	23h00–00h45	22h30–00h15	21h45–23h30
Wassermann	00h45–02h00	00h15–01h30	23h30–00h45
Fische	02h00–03h00	01h30–02h30	00h45–01h45

Krebs

Geburtstag	22.6.-30.6.	01.07.-11.7.	12.7.-22.7.
Aszendent	Geburtszeit	Geburtszeit	Geburtszeit
Widder	01h00–02h00	00h30–01h30	00h00–01h00
Stier	02h00–03h15	01h30–02h45	01h00–02h15
Zwillinge	03h15–05h00	02h45–04h30	02h15–04h00
Krebs	05h00–07h30	04h30–07h00	04h00–06h30
Löwe	07h30–10h15	07h00–09h45	06h30–09h15
Jungfrau	10h15–13h00	09h45–12h30	09h15–12h00
Waage	13h00–15h45	12h30–15h15	12h00–14h45
Skorpion	15h45–18h30	15h15–18h00	14h45–17h30
Schütze	18h30–21h00	18h00–20h30	17h30–20h00
Steinbock	21h00–22h45	20h30–22h15	20h00–21h45
Wassermann	22h45–24h00	22h15–23h30	21h45–23h00
Fische	00h00–01h00	23h30–00h30	23h00–24h00

Löwe

Geburtstag	23.7.-31.7.	01.8.-11.8.	12.8.-22.8.
Aszendent	Geburtszeit	Geburtszeit	Geburtszeit
Widder	22h45–23h45	22h15–23h15	21h30–22h30
Stier	23h45–01h00	23h15–00h30	22h30–23h45
Zwillinge	01h00–02h45	00h30–02h15	23h45–01h30
Krebs	02h45–05h15	02h15–04h45	01h30–04h00
Löwe	05h15–08h00	04h45–07h30	04h00–06h45
Jungfrau	08h00–10h45	07h30–10h15	06h45–09h30
Waage	10h45–13h30	10h15–13h00	09h30–12h15
Skorpion	13h30–16h15	13h00–15h45	12h15–15h00
Schütze	16h15–18h45	15h45–18h15	15h00–17h30

Steinbock	18h45–20h30	18h15–20h00	17h30–19h15
Wassermann	20h30–21h45	20h00–21h15	19h15–20h30
Fische	21h45–22h45	21h15–22h15	20h30–21h30

Jungfrau

Geburtstag	24.8.-31.8.	01.9.-11.9.	12.9.-22.9.
Aszendent	Geburtszeit	Geburtszeit	Geburtszeit
Widder	20h30–21h30	20h00–21h00	19h15–20h15
Stier	21h30–22h45	21h00–22h15	20h15–21h30
Zwillinge	22h45–00h30	22h15–24h00	21h30–23h15
Krebs	00h30–03h00	00h00–02h30	23h15–01h45
Löwe	03h00–05h45	02h30–05h15	01h45–04h30
Jungfrau	05h45–08h30	05h15–08h00	04h30–07h15
Waage	08h30–11h15	08h00–10h45	07h15–10h00
Skorpion	11h15–14h00	10h45–13h30	10h00–12h45
Schütze	14h00–16h30	13h30–16h00	12h45–15h15
Steinbock	16h30–18h15	16h00–17h45	15h15–17h00
Wassermann	18h15–20h30	17h45–19h00	17h00–18h15
Fische	19h30–20h30	19h00–20h00	18h15–19h15

Waage

Geburtstag	23.9.-30.9.	01.10.-11.10.	12.10.-23.10.
Aszendent	Geburtszeit	Geburtszeit	Geburtszeit
Widder	18h30–19h30	18h00–19h00	17h15–18h15
Stier	19h30–20h45	19h00–20h15	18h15–19h30
Zwillinge	20h45–22h30	20h15–22h00	19h30–21h15
Krebs	22h30–01h00	22h00–00h30	21h15–23h45
Löwe	01h00–03h45	00h30–03h15	23h45–02h30
Jungfrau	03h45–06h30	03h15–06h00	02h30–05h15
Waage	06h30–09h15	06h00–08h45	05h15–08h00
Skorpion	09h15–12h00	08h45–11h30	08h00–10h45
Schütze	12h00–14h30	11h30–14h00	10h45–13h15
Steinbock	14h30–16h15	14h00–15h45	13h15–15h00
Wassermann	16h15–17h30	15h45–17h00	15h00–16h15
Fische	17h30–18h30	17h00–18h00	16h15–17h15

Skorpion

Geburtstag	24.10.-31.10.	01.11.-11.11.	12.11.-22.11.
Aszendent	Geburtszeit	Geburtszeit	Geburtszeit
Widder	16h30–17h30	15h45–16h45	15h15–16h15
Stier	17h30–18h45	16h45–18h00	16h15–17h30
Zwillinge	18h45–20h30	18h00–19h45	17h30–19h15

Krebs	20h30–23h00	19h45–22h15	19h15–21h45
Löwe	23h00–01h45	22h15–01h00	21h45–00h30
Jungfrau	01h45–04h30	01h00–03h45	00h30–03h15
Waage	04h30–07h15	03h45–06h30	03h15–06h00
Skorpion	07h15–10h00	06h30–09h15	06h00–08h45
Schütze	10h00–12h30	09h15–11h45	08h45–11h15
Steinbock	12h30–14h15	11h45–13h30	11h15–13h00
Wassermann	14h15–15h30	13h30–15h45	13h00–14h15
Fische	15h30–16h30	14h45–15h45	14h15–15h15

Schütze

Geburtstag	23.11.-30.11.	01.12.-11.12.	12.12.-21.12.
Aszendent	Geburtszeit	Geburtszeit	Geburtszeit
Widder	14h30–15h30	13h45–14h45	13h15–14h15
Stier	15h30–16h45	14h45–16h00	14h15–15h30
Zwillinge	16h45–18h30	16h00–17h45	15h30–17h15
Krebs	18h30–21h00	17h45–20h15	17h15–19h45
Löwe	21h00–23h45	20h15–23h00	19h45–22h30
Jungfrau	23h45–02h30	23h00–01h45	22h30–01h15
Waage	02h30–05h15	01h45–04h30	01h15–04h00
Skorpion	05h15–08h00	04h30–07h15	04h00–06h45
Schütze	08h00–10h30	07h15–09h45	06h45–09h15
Steinbock	10h30–12h15	09h45–11h30	09h15–11h00
Wassermann	12h15–13h30	11h30–12h45	11h00–12h15
Fische	13h30–14h30	12h45–13h45	12h15–13h15

Steinbock

Geburtstag	22.12.-31.12.	01.1.-11.1.	12.1.-20.1.
Aszendent	Geburtszeit	Geburtszeit	Geburtszeit
Widder	12h15–13h15	11h45–12h45	11h15–12h15
Stier	13h15–14h30	12h45–14h00	12h15–13h30
Zwillinge	14h30–16h15	14h00–15h45	13h30–15h15
Krebs	16h15–18h45	15h45–18h15	15h15–17h45
Löwe	18h45–21h30	18h15–21h00	17h45–20h30
Jungfrau	21h30–00h15	21h00–23h45	20h30–23h15
Waage	00h15–03h00	23h45–02h30	23h15–02h00
Skorpion	03h00–05h45	02h30–05h15	02h00–04h45
Schütze	05h45–08h15	05h15–07h45	04h45–07h15
Steinbock	08h15–10h00	07h45–09h30	07h15–09h00
Wassermann	10h00–11h15	09h30–10h45	09h00–10h15
Fische	11h15–12h15	10h45–11h45	10h15–11h15

Wassermann

Geburtstag	21.1.-31.1.	01.2.-10.2.	11.2.-18.2.
Aszendent	Geburtszeit	Geburtszeit	Geburtszeit
Widder	10h30–11h30	10h00–11h00	09h15–10h15
Stier	11h30–12h45	11h00–12h15	10h15–11h30
Zwillinge	12h45–14h30	12h15–14h00	11h30–13h15
Krebs	14h30–17h00	14h00–16h30	13h15–15h45
Löwe	17h00–19h45	16h30–19h15	15h45–18h30
Jungfrau	19h45–22h30	19h15–22h00	18h30–21h15
Waage	22h30–01h15	22h00–00h45	21h15–24h00
Skorpion	01h15–04h00	00h45–03h30	24h00–02h45
Schütze	04h00–06h30	03h30–06h00	02h45–05h15
Steinbock	06h30–08h15	06h00–07h45	05h15–07h00
Wassermann	08h15–09h30	07h45–09h00	07h00–08h15
Fische	09h30–10h30	09h00–10h00	08h15–09h15

Fische

Geburtstag	19.2.-29.2.	01.3.-10.3.	11.3.-20.3.
Aszendent	Geburtszeit	Geburtszeit	Geburtszeit
Widder	08h30–09h30	08h15–09h15	07h30–08h30
Stier	09h30–10h45	09h15–10h30	08h30–09h45
Zwillinge	10h45–12h30	10h30–12h15	09h45–11h30
Krebs	12h30–15h00	12h15–14h45	11h30–14h00
Löwe	15h00–17h45	14h45–17h30	14h00–16h45
Jungfrau	17h45–20h30	17h30–20h15	16h45–19h30
Waage	20h30–23h15	20h15–23h00	19h30–22h15
Skorpion	23h15–02h00	23h00–01h45	22h15–01h00
Schütze	02h00–04h30	01h45–04h15	01h00–03h30
Steinbock	04h30–06h15	04h15–06h00	03h30–05h15
Wassermann	06h15–07h30	06h00–07h15	05h15–06h30
Fische	07h30–08h30	07h15–08h15	06h30–07h30

Welcher Planetentyp sind Sie?
Ein astrologischer Test rund um die Planeten

1. Ihr Verhalten im Alltag

Frage 1A

Welche Lebensweise bevorzugen Sie, streben Sie an oder haben Sie bereits verwirklicht? ... (a–j)

Frage 1B

Mit welchem Verhalten haben Sie eher Probleme, was lehnen Sie ab bzw. was sagt Ihnen zu wenig? ... (a–j)

Auch wenn es Ihnen vielleicht schwerfällt, sich nur für jeweils eine Antwort zu entscheiden, notieren Sie bei den Fragen oben bitte nur je einen Buchstaben für jene Lebensweise, die Ihnen am meisten bzw. am wenigsten entspricht.

b) Ich vertraue meinen Gefühlen und lebe nach meinem eigenen Rhythmus.
h) Ich habe Freude an Veränderung und probiere gern etwas Neues aus.
f) Ich strebe nach Bewußtseinserweiterung, für Ideale und eine sinnvolle Lebensordnung.
d) Ich suche Harmonie oder schaffe sie selbst, ich suche Liebe und Entspannung.
e) Ich entscheide aktiv und handle zielstrebig.
j) Ich setze meine Überzeugungen durch und spüre, daß ich von einer höheren Fügung geleitet werde.
a) Ich entfalte mich kreativ selbst und drücke meinen Lebenswillen aus.
c) Ich spreche mich klar aus, ich suche immer neue Informationen.
i) Ich lasse Dinge geschehen und öffne mich für innere Inspirationen.
g) Ich bin bereit, Verantwortung zu übernehmen, Prioritäten zu setzen und Grenzen anzuerkennen.

2. Ihr Lebensmotto

Frage 2A

Nach welchem Motto leben Sie, welches bevorzugen Sie, oder welches streben Sie an? ... (a–j)

Frage 2B

Mit welchem Motto haben Sie Probleme, was lehnen Sie ab bzw. womit können Sie nicht viel anfangen? ... (a–j)

Notieren Sie oben bitte wieder nur jeweils einen Buchstaben für das Motto, das Ihnen am meisten bzw. am wenigsten entspricht.

e) »Leben heißt innerlich brennen!«

g) »Ungewiß und vergänglich ist das Glück; gewiß und ewig bleibt die Pflicht!«

c) »Denn eben wo Begriffe fehlen, da stellt ein Wort zur rechten Zeit sich ein!«

d) »Schön ist eigentlich alles, was man mit Liebe betrachtet!«

f) »Derjenige, der ein Warum zum Leben hat, kann fast jedes Wie ertragen!«

j) »Man wird nicht dadurch erleuchtet, daß man sich Lichtgestalten vorstellt, sondern durch Bewußtmachung der Dunkelheit!«

a) »Wohin du auch gehst, geh mit deinem ganzen Herzen!«

b) »Wer nach außen sieht, träumt; wer nach innen sieht, wacht!«

h) »Das gleiche läßt uns in Ruhe, aber der Widerspruch ist es, der uns produktiv macht!«

i) »Ich bin in allem, und alles ist in mir!«

3. Wie Sie auf andere Menschen wirken

Wie erleben Ihre Familie, Ihre Berufskollegen, Ihre Freunde und Menschen, die Sie zum ersten Mal kennenlernen, Sie? Und wie wirken Sie nach Ihrer Meinung oder wie würden Sie gern sein?

Notieren Sie bitte wieder jeweils, welcher Begriff Ihrer Meinung nach auf Sie am ehesten zutrifft und welcher am wenigsten.

Wie sieht mich meine Familie (Partner/in, Kinder)?

3A Am meisten wie ... (a–j)

3B Am wenigsten wie ... (a–j)

Wie möchte ich am liebsten auf meine Familie wirken?

4A Am meisten wie ... (a–j)

4B Am wenigsten wie ... (a–j)

Wie sehen mich meine Freunde?
5A Am meisten wie ... (a–j)
5B Am wenigsten wie ... (a–j)
Wie möchte ich am liebsten auf meine Freunde wirken?
6A Am meisten wie ... (a–j)
6B Am wenigsten wie ... (a–j)
Wie sehen mich meine Kollegen im Beruf?
7A Am meisten wie ... (a–j)
7B Am wenigsten wie ... (a–j)
Wie möchte ich am liebsten auf meine Kollegen wirken?
8A Am meisten wie ... (a–j)
8B Am wenigsten wie ... (a–j)
Wie sehen mich neue Menschen bzw. Fremde?
9A Am meisten wie ... (a–j)
9B Am wenigsten wie ... (a–j)
Wie möchte ich am liebsten auf neue Menschen wirken?
10A Am meisten wie ... (a–j)
10B Am wenigsten wie ... (a–j)

Unter folgenden Begriffen wählen Sie aus, was auf die jeweilige Frage für Sie am ehesten zutrifft, und Sie notieren für die Fragen 3A bis 10B die entsprechenden Buchstaben:

c) Intelligent, vermittelnd, beweglich
h) Selbständig, freiheitsliebend, eigenwillig
b) Gefühlvoll, anpassungsfähig, reflektierend
e) Energisch, tatkräftig, mutig
a) Schöpferisch, warmherzig, selbstbewußt
d) Ausgleichend, feinfühlig, kunstsinnig
i) Empfänglich, phantasievoll, beeinflußbar
f) Offen, optimistisch, sozial
j) Durchsetzungsfähig, opferbereit, rücksichtslos
g) Konzentriert, fest, vorsichtig

Übrigens: Falls Sie Lust und Gelegenheit haben, daß einige Menschen Ihrer Familie, Freunde und Kollegen diese Fragen über Sie beantworten, könnten Sie deren Antworten als einen guten Spiegel dafür betrachten, inwieweit Selbsteinschätzung und Außenwirkung übereinstimmen.

Ergebnis

Tragen Sie bitte die Buchstaben Ihrer Antworten ein

Spalte A	Spalte B
Antwort 1A ...	Antwort 1B ...
Antwort 2A ...	Antwort 2B ...
Antwort 3A ...	Antwort 3B ...
Antwort 4A ...	Antwort 4B ...
Antwort 5A ...	Antwort 5B ...
Antwort 6A ...	Antwort 6B ...
Antwort 7A ...	Antwort 7B ...
Antwort 8A ...	Antwort 8B ...
Antwort 9A ...	Antwort 9B ...
Antwort 10A ...	Antwort 10B ...

Auswertung

Zählen Sie in Spalte A und Spalte B getrennt, welche Buchstaben von a) bis j) mehr als einmal vorkommen. Sie können also maximal zehnmal in einer Spalte ein und denselben Buchstaben vermerkt haben.

Es bedeuten a) Sonne, b) Mond, c) Merkur, d) Venus, e) Mars, f) Jupiter, g) Saturn, h) Uranus, i) Neptun und j) Pluto.

Zunächst zur Anzahl der Mehrfachnennungen eines Buchstabens, also zur »Quantität« Ihres Testergebnisses.

Deutung Spalte A: Ihre Planeten-Stärken

Diese Spalte sagt etwas über Ihr aktives Bewußtsein aus, über Ihre dynamische Lebensgestaltung, über Ihre »Yang«-Qualitäten, über Einstellungen, Hoffnungen und Ideale, mit denen Sie dem Leben begegnen, wie Sie es sich im Leben »einrichten« und wie Sie sich verhalten.

Lesen Sie dazu, welcher Planetentyp Sie sind.

8–10 gleiche Nennungen: Ziemliche Absolutheitsansprüche

Das heißt, daß Ihnen die Qualität, die der entsprechende Planet symbolisiert, enorm wichtig ist. Entweder, weil Sie diese Merkmale zum Brennpunkt Ihres Lebens gemacht haben, oder weil Sie sie für besonders erstrebenswert erachten und Sie Ihnen jetzt noch fehlen. Vielleicht stellen Sie bei sich selbst sogar eine gewisse Einseitigkeit fest? Auf jeden Fall spielt dieser Planet für Sie ein herausragende Rolle!

Lesen Sie dazu, welcher Planetentyp A Sie sind.

5–7 gleiche Nennungen: Gelassene Sicherheit auf dem Weg

Dieser Planet bzw. die ihm entsprechenden Merkmale sind für Sie wie

ein »Leitstern« auf Ihrem Lebensweg. Sie haben Ihre Werte, Maßstäbe und Ziele gefunden und vertrauen dem Leben. Sie schöpfen aus einer Kraftquelle, die Ihnen hilft, Ihr Leben zu meistern. Viele Menschen werden Sie beneiden!
Lesen Sie dazu, welcher Planetentyp A Sie sind.

2–4 gleiche Nennungen: Interesse für Lebensziele
Sie stellen eine gewisse Neigung fest, Eigenschaften weiter zu entwickeln, die der von Ihnen gewählte Planet symbolisch darstellt. Allerdings wollen Sie sich (noch) nicht zu sehr festlegen. Möglicherweise fühlen Sie sich aber auch etwas unsicher in bezug auf Ihre Richtung. Fassen Sie ruhig Mut – Sie sind auf dem richtigen Weg!
Lesen Sie dazu, welcher Planetentyp A Sie sind.

Keine Mehrfachnennung: Sind Sie vollkommen – oder nur ziemlich orientierungslos?
Wenn Sie in der Spalte A keinen Buchstaben mehr als einmal genannt haben, so läßt das entweder darauf schließen, daß Sie vollkommen ausgeglichen sind und Ihr Leben recht bewußt gestalten – oder daß Sie in Ihrer derzeitigen Lebenssituation sich noch sehr unentschieden und unsicher fühlen.
Vielleicht können oder wollen Sie mit Themen der Selbsterfahrung auch (noch) nichts zu tun haben?
Lesen Sie dazu, welcher Planetentyp A Sie sind.

Und nun zur Deutung der »Qualität« des Testergebnisses, welche Charaktereigenschaften und Schicksalsrichtung von den Mehrfachnennungen betroffen sind. Diese Merkmale haben Sie also entweder verwirklicht oder Sie streben Sie an, auf jeden Fall schätzen Sie sie positiv ein.
Wie stark die Deutung für Sie zutrifft, ergibt sich daraus, wie oft Sie den jeweiligen Planeten gewählt haben. Mehrfache zustimmende Nennungen heißen bei A:

a) Sie sind ein Sonnentyp!
Sie besitzen bzw. schätzen Selbstvertrauen, Vitalität, Lebensmut, Selbständigkeit, Bewußtheit.

b) Sie sind ein Mondtyp!
Sie vertrauen Gefühlen und Sie besitzen bzw. schätzen Hingabe, Sorgsamkeit, seelische Empfindsamkeit, Wandelbarkeit.

c) Sie sind ein Merkurtyp!
Sie besitzen bzw. schätzen Intellekt, Sinn für Kommerzielles, Fähigkeit zum Austausch, Wendigkeit, Sprachsicherheit.

d) Sie sind ein Venustyp!
Sie besitzen bzw. schätzen Harmoniebedürfnis, Zärtlichkeit, Ästhetik, Nähe, Beziehungsfähigkeit, aufnehmende Libido.

e) Sie sind ein Marstyp!
Sie besitzen bzw. schätzen Initiative, Energie, Triebkraft, Aktivität, Risikobereitschaft, gebende Libido.

f) Sie sind ein Jupitertyp!
Sie besitzen bzw. schätzen Sinnbedürfnis, Optimismus, Glaube, Ganzheitlichkeit, Ausdehnungstendenz.

g) Sie sind ein Saturntyp!
Sie besitzen bzw. schätzen Sicherheitsbedürfnis, Pflichtgefühl, Leistungsbereitschaft, Konzentration, Verantwortung.

h) Sie sind ein Uranustyp!
Sie besitzen bzw. schätzen Intuition, Originalität, Individualisierung, Reformstreben, Toleranz, Plötzlichkeit.

i) Sie sind ein Neptuntyp!
Sie besitzen bzw. schätzen Verschmelzungsbedürfnis, Hingabe, Ahnungen, Träume, Auflösungsstreben, Sinn für Mystik und Meditation.

j) Sie sind ein Plutotyp!
Sie besitzen bzw. schätzen die Fähigkeit zur Überwindung von Ängsten und Zwängen, Machtausübung, Magie, Ausrichtung auf eine höhere Führung.

Mit dem Planeten, den Sie als als wichtigsten für sich ausgewählt haben oder den Sie in sich noch suchen, sollten Sie sich intensiver beschäftigen. Erforschen Sie weiter, welches bislang unentdeckte oder ungelebte Potential von Kräften und welche Chancen der Entfaltung in Ihnen ruhen, die dieser Planet symbolisiert.
Es ist durchaus möglich, daß sich Ihr Testergebnis nach einigen Monaten oder Jahren verändert – weil Sie selbst sich verändert und weiterentwickelt haben.

Deutung Spalte B: Ihre Planeten-Probleme
Diese Spalte sagt etwas darüber aus, welche »Schatten« unserer Persönlichkeit wir entweder übersehen oder abschieben. Hier geht es um verinnerlichte »Yin«-Qualitäten, um instinktive Reaktionen und unbewußte Prägungen, um unklare Ängste oder geheime Träume, die unsere Lebenseinstellung beeinflussen.
Zunächst zur Anzahl der Mehrfachnennungen eines Buchstabens, also zur »Quantität« Ihres Testergebnisses.

8–10 Nennungen: Ist da etwas Fanatismus vorhanden?
Hier gibt es für Sie einen echten »Knopf«, den Sie vermutlich auch ganz gut kennen. Sie neigen dazu, Ihre Ansichten und vor allem Ihre Abneigungen mit allen möglichen Gründen vor sich und anderen zu rechtfertigen – um sie nur ja nicht in Frage stellen zu müssen. Ein »einfacher« Mensch sind Sie nicht. Vielleicht würde das Leben für Sie schöner sein, wenn Sie nicht so vehement Stellung bezögen, sondern offener würden?
Lesen Sie dazu, welcher Planetentyp B Sie sind.

5–7 Nennungen: Herausforderung, Probleme zu meistern
Es gibt wichtige Dinge im Leben, mit denen Sie (noch) nicht fertig werden. Das kann Ihnen bewußt sein, vielleicht aber auch nicht! Geben Sie sich ganz sachlich und offen Rechenschaft darüber, was Sie im Leben wirklich wollen. Und sehen Sie zu, daß Sie Ihre Einstellungen nicht verabsolutieren. Sonst könnte sich im Inneren ein Vulkan nicht verarbeiteter »Schattenthemen« anstauen, der sich eines Tages mit unliebsamen Ausbrüchen bemerkbar macht.
Lesen Sie dazu, welcher Planetentyp B Sie sind.

2–4 Nennungen: Eine selbstbewußte Lebenshaltung
Sie wissen auf jeden Fall, was Sie nicht wollen! Und Sie scheuen sich nicht, das auch auszusprechen, es in Ihrem Verhalten zu zeigen und danach zu leben. Sie vertreten Ihre Standpunkte, auch wenn Sie auf andere etwas eigenwillig wirken mögen. Vorsicht allerdings vor einer Verhärtung später im Leben.
Lesen Sie dazu, welcher Planetentyp B Sie sind.

Keine Mehrfachnennung: Sind Sie sehr ausgeglichen oder eher weniger problembewußt?
Wenn Sie in der Spalte B keinen Buchstaben mehr als einmal genannt haben, so läßt das entweder darauf schließen, daß Sie sehr entwickelt

und auch mit seelisch-geistigen Bereichen vertraut sind und daß Sie gezielt an Ihrer Bewußtseinsentfaltung arbeiten. Oder dieses Ergebnis bedeutet, daß Sie in Ihrer derzeitigen Lebensituation noch eine Scheu vor oder keine bewußte Erfahrung mit dem komplexen Innenleben von Psyche, Seele und Geist und ihren oft verborgenen, aber machtvollen Wirkungen für das Außenleben haben.
Lesen Sie dazu, welcher Planetentyp B Sie sind.

Und nun zur Deutung, welche Charaktereigenschaften und Schicksalsrichtung von den Mehrfachnennungen betroffen sind, also die »Qualität« des Testergebnisses.
Wie stark die Deutung für Sie zutrifft, ergibt sich daraus, wie oft Sie den jeweiligen Planeten gewählt haben. Bitte beachten Sie aber, daß sich die »Negativaussagen« nicht unbedingt auf Sie persönlich beziehen, sondern daß es sich hier vielleicht um Menschen in Ihrer Umgebung handelt, die solche Merkmale zeigen. Dann ist die Ablehnung dieser Eigenschaften bei anderen das Thema dieser Negativaussagen!
Mehrfache ablehnende Nennungen heißen bei B

a) Sonnenprobleme:
Neigung zu Passivität oder Hyperaktivität, Selbstüberschätzung.

b) Mondprobleme:
Neigung zu Gefühlshemmung, Ungeborgenheit, Launenhaftigkeit.

c) Merkurprobleme:
Neigung zu Kontaktproblemen, Geschwätzigkeit, Kopflastigkeit.

d) Venusprobleme:
Neigung zu Scheinharmonie, Konsumhaltung, Trägheit.

e) Marsprobleme:
Neigung zu Ungeduld, Aggression, Rücksichtslosigkeit, Konfliktscheu.

f) Jupiterprobleme:
Neigung zu Überheblichkeit, überzogenen Erwartungen, Ausschweifungen, Dogmatik.

g) Saturnprobleme:
Neigung zu Sturheit, Geiz, Härte, Ängsten, Hemmung, Kontrollzwang.

h) Uranusprobleme:
Neigung zu Unberechenbarkeit, Angst vor Risiko, Exzentrik, Unbeweglichkeit.

i) Neptunprobleme:
Neigung zu Illusionen, Realitätsflucht, Antriebsschwäche, Opfer-Helfer-Syndrom.

j) Plutoprobleme:
Neigung zu Machthunger, Fanatismus, Opferrolle, Abhängigkeit von Kollektivwerten.

Mit dem Planeten, den Sie als eher unwichtig betrachten oder vielleicht abgelehnt haben, oder mit dem Sie (noch) wenig anfangen können, sollten Sie sich ebenfalls näher auseinandersetzen. Er symbolisiert innere oder äußere Kräfte und latente Herausforderungen in Ihrem Leben, die bisher noch nicht wahrgenommen, durch irgendwelche Umstände unterdrückt oder verdrängt werden.
Und wieder gilt auch hier, daß Sie in einigen Monaten oder Jahren vermutlich zu einem anderen Testergebnis kommen werden.

Schlußbetrachtung

»Vergangenheit laß deine Lehrerin sein, in die Gegenwart streue den Samen ein; ob die Zukunft belebe den zarten Keim, das stelle Gott anheim.« So schrieb Georg Keil in »Lyra und Harfe«.
Astrologie ist eine Kunst und eine Wissenschaft gleichermaßen, welche die vergangenen Einflüsse auf die Gesetzmäßigkeiten erforscht, die in der Gegenwart gelten, um so die Zukunft bewußter und besser gestalten zu können.
Victor Hugo sagte einmal: »Die Zukunft hat viele Namen. Für die Schwachen ist sie das Unerreichbare. Für die Furchtsamen ist sie das Unbekannte. Für die Tapferen ist sie die Chance.«
Der Planet Mars ist das astrologische Sinnbild der »Tapferen«. In diesem Sinne wünsche ich Ihnen für Gegenwart und Zukunft viel marsischen Lebensmut und Lebensfreude, aktive Selbsterkenntnis und eine positive Lebensgestaltung!
Zum feurigen Mars und zu diesem Buch über den Planeten noch eine Bemerkung über eine ganz lustige »Synchronizität« aus meinem persönlichen Erleben. Während ich in Santa Fe an diesem Buch schrieb, habe ich ab und an einmal im Adamskostüm frische Kraft in der Frühlingssonne getankt. Unversehens wurde daraus ein Sonnenbrand am ganzen Körper, der marsisch-feurig mir einen ganz schönen Schwung ungewollter überschüssiger »Energie« bescherte, und ich spürte ein ständiges Vorwärtsdrängen, dem Verlag das Manuskript noch rascher abzuliefern.
Sicher werden Sie in Ihrem Leben, wenn Sie sich etwas näher mit dem einen oder anderen Planeten beschäftigen, auch bald spüren, daß sich die Kräfte dieses Gestirns dann auf überraschende Weise im Alltag zeigen.

Dank

Last but not least möchte ich einigen Menschen an dieser Stelle besonders danken: Bernd A. Mertz für seine kontinuierliche Erforschung, Fortentwicklung und Darstellung einer sachlich-unprätentiösen einfühlsamen und dennoch nüchternen psychologischen Astrologie; Claude Weiss für die Bereitschaft, zwei Astrologiekurse auf Video zu produzieren und die Entwicklung der Astrokarten zu unterstützen, was einen wesentlichen Impuls für mich darstellte, diese Planetenbücher für ein größeres Publikum genauso klar und übersichtlich zu gestalten; Dane Rudhyar, dessen Hauptwerk mich auf den astrologischen Weg brachte und den ich noch persönlich kennenlernen durfte; Anneliese Harf, die unvergessene Yogalehrerin, die mir den ersten Anstoß gab, mich mit Astrologie zu beschäftigen; Melitta von Goertzke, mit der ich lange über spirituelle Selbstverwirklichung und Erkenntnishilfen durch die Astrologie diskutiert habe; Ann Aura, deren wißbegieriges Interesse und fröhliche Seele mich immer wieder beim Schreiben beflügelt haben; und schließlich den Freunden beim Heyne Verlag einen herzlichen Dank, da sie diese Reihe überhaupt erst möglich machten!
Und ein herzliches Danke schön an Sie, liebe Leserinnen und Leser, für Ihr Interesse an der astrologischen Himmelskunde und an den Heyne-Planetenbüchern!

Anhang

Die Astrodata-Horoskopkarten: das psychologisch-astrologische Erkenntnisspiel

Der Autor hat in Zusammenarbeit mit der Astrologin Monica Kissling und dem Astrodata Verlag Horoskopkarten entwickelt. Sie eignen sich zum Auslegen und Erkennen des eigenen Horoskops, zur fundierten Interpretation auf einen Blick, zum Erlernen der Grundlagen der psychologischen Astrologie und zur Anwendung als Orakel wie Tarotkarten. Mit Karten zu den zwölf Tierkreiszeichen, zwölf Häusern, Sonne, Mond, Planeten, den Mondknoten, der MC/IC-Achse und mit zwei Blankokarten zur persönlichen Ergänzung.
Erhältlich in jeder guten Fachbuchhandlung (ISBN-Nummer 3-907029-34-8) oder direkt beim Astrodata-Verlag, Zürich. Ein Bestellformular finden Sie am Schluß des Buches.

Seminare, Beratungen

Seminare zur Astrologie und Horoskopdeutung gibt es reichlich. Ich halte weniger von sogenannten Ausbildungsseminaren, die womöglich eine rosige berufliche Zukunft mit »Diplom« im Schnellverfahren vorgaukeln, und mehr von soliden, in sich geschlossenen Einzelkursen, um sich nach und nach Wissen und Erkentnisse anzueignen und sie sorgfältig in der Praxis zu erproben.
Besonders empfehlen möchte ich Kurse von Bernd A. Mertz (eigene Schule in Frankfurt, Sauter-Kurse in der Schweiz und ROTA-Kurse in Düsseldorf – Anschriften siehe unten), von Claude Weiss (»Schule für Erwachsene« in der Schweiz – Informationen über ASTRODATA, siehe Adresse Bestellformular) sowie von Monica Kissling (Annabelle-Seminare in der Schweiz – Informationen über Telefonnummer unten, siehe Beratungen).
In den einschlägigen Zeitschriften finden sich Anzeigen für zahlreiche Astrologie-Kurse anderer Anbieter.
»Astrologie für Anfänger und Fortgeschrittene«, Bernd A. Mertz, Altheimstr. 5, D 60431 Frankfurt/Main; Tel. (069) 51 33 22.
»ROTA Seminarorganisation«, Leni Pohlmann, Eckener Weg 3, D-40764 Langenfeld, Tel. (02173) 73535, Fax 82534.

Sauter-Organisation, Ueli Sauter, Hauptstr. 110, CH 8280 Kreuzlingen; Tel. (072) 721573, Fax 722709.

Kurse mit dem Autor – Spezielle Planeten-Seminare

Ich erlaube mir, auch auf meine Planeten-Seminare und Kurse zu anderen Themen der Bewußtwerdung hinzuweisen. Mein persönlicher Ansatz zur Astrologie ist etwas »unpsychologisch«, nämlich positiv und kreativ und eher auf Problemlösungen als auf Problemvertiefung orientiert. Probleme sollen zwar erkannt und gelöst werden, das funktioniert aber nach meiner Lebenserfahrung meist nur, wenn wir uns vorwiegend den Chancen widmen und unsere Stärken so weit entwickeln, daß sie unsere Schwächen ausgleichen können. Wenn es dunkel ist, zündet man am besten ein Licht an, statt die Dunkelheit zu analysieren, mit ihr zu »disuktieren« oder gar gegen sie anzukämpfen wie Don Quijote gegen die Windmühlenflügel. In diesem Sinne widme ich mich vor allem einer »positiven« Astrologie.
Spezielle Planetenseminare am 6./7.11.1993 in Hamburg und am 13./14.11.1993 in Zürich zum Thema dieser Buchreihe. Es geht um die konzentrierte Behandlung aller Planeten und Mondknoten sowie Erörterung persönlicher Fragen.

Weitere Informationen über die Veranstalter:
WRAGE Seminarservice, Schlüterstr. 4, D-20146 Hamburg; Tel. (040) 455240, Fax 442469;
POSIVITA, Rotbuchstraße 16, CH-8033 Zürich 6; Tel. (01) 3623040, Fax 3623039.

Astrologische Beratung

Scheuen Sie sich nicht, vor einer Beratung genau zu erfragen,
- was das Leistungsangebot ist,
- wie lange die persönliche Besprechung dauert,
- ob es mehr um Ereignisse, um psychologische Themen, um Lebensaufgaben oder um alles zusammen geht,
- was die Beratung kostet,
- ob Sie auch später noch gelegentlich Fragen telefonisch stellen können.

Und überlegen Sie, ob Lebenserfahrung und menschlicher Hintergrund, astrologische Richtung und spirituelle Bewußtseinsentwicklung des Beraters Ihre Erwartungen oder Ansprüche erfüllen.
Ein guter Astrologe/eine gute Astrologin wird keine sachliche Frage

übelnehmen und bereitwillig den eigenen Beratungsansatz erklären. Bedenken Sie beim Honorar bitte, daß der Astrologe viel vorarbeiten muß.
Als Berater empfehle ich in Deutschland Bernd A. Mertz, Tel. (069) 51 33 22, und in der Schweiz Monica Kissling, Impuls Beratung, Tel. (01) 281 0464, Fax 281 3464.

»Innere Astrologie«
Ein Buch über Astrologie wäre nicht vollständig ohne den Hinweis auf die sogenannte »innere Astrologie«, eine besondere Form der Meditation und Innenschau. Hier ist zwar nicht der Raum, um darauf näher einzugehen, aber die Informationen, daß es so etwas überhaupt gibt, möchte ich Ihnen nicht vorenthalten.
Wer unter den Lesern den inneren Kosmos kennenlernen möchte, wer sich für die »innere Astrologie« interessiert, kann dies durch eine besondere Form der Licht- und Tonmeditation, bei der das Körperbewußtsein teilweise oder ganz überschritten wird und der Mensch als Mikrokosmos seine Verbindung zum Makrokosmos entdeckt. Auf dem Weg dieser Meditation können Sie Myriaden von Sternen am inneren Himmel sehen, den inneren weißen Mond und die innere rote Sonne, die Himmel der Astral- und Kausalwelt, und schließlich können Sie sogar zum inneren Meister gelangen. Ich bin dem inzwischen hinübergegangenen Sant Darshan Singh und seinem Nachfolger Sant Rajinder Singh dankbar dafür, daß sie mich mit diesem Weg der »inneren Astrologie« bekannt gemacht haben und innen und außen leiten. Informationen über solche (kostenlosen) Meditationskurse mit dem inneren Licht und Ton von
Deutschland: Helga Kammerl, Jägerberg 21, D-82335 Berg/Oberbayern; Tel. (08151) 50449, Fax 51038
Österreich: Herbert Wasenegger, Mautner Markhofgasse 13–15/V/3, A 1110 Wien
Schweiz: Angela Seiler, Tödistraße 20, CH 8002 Zürich, Tel. (01) 2022372
USA: Science of Spirituality Center, 4S175 Naperville Road, Naperville, Ill. 60563; Tel. (708) 955–1200
Indien: Kirpal Ashram, 2 Canal Road, Vijay Nagar, Delhi, India 110009

Literaturhinweise

»Kombination der Gestirneinflüsse«, Reinhold Ebertin, Ebertin Verlag Freiburg, 10. Aufl. 1979

»Das Grundwissen der Astrologie«, Bernd A. Mertz, Heyne TB Nr. 08/9447

»Grundlagen der klassischen Astrologie«, Bernd A. Mertz, Goldmann TB 13516

»Schicksalspunkte im Horoskop«, Bernd A. Mertz, Astrodata Verlag Zürich, 1992

»Liebe – Opfer – Magie – Esoterische Astrologie«, Bernd A. Mertz, Astrodata Verlag Zürich, 1993

»Der Schlüssel zum Horoskop«, Ernst-Günter Paris, Urania Verlag, CH-Neuhausen, 1977

»Astrologische Menschenkunde«, Thomas Ring, 3 Bände, Bauer Verlag Freiburg, 1990

»Astrologie der Persönlichkeit«, Dane Rudhyar, Heyne TB Nr. 08/9603

»Liebe auf Schritt und Tritt – Das Wunder der inneren Welten«, Darshan Singh, Fischer Verlag, CH-Münsingen

»Horoskopanalyse«, Jean Claude Weiss, früher M&T Edition Astroterra, jetzt Astrodata Verlag Zürich, 1986

Von Claude Weiss und Wulfing von Rohr sind zwei Astrologie-Lehrvideos erschienen im Video-Programm des Bauer Verlags Freiburg. Erhältlich im Fachbuchhandel oder direkt bei Astrodata, Albisriederstr. 232, CH-8047 Zürich. Siehe auch letzte Seite.

»Heyne Planetenbücher«, Wulfing von Rohr, bislang erschienen sind Merkur 14/300, Venus 14/301, Mars 14/302, Jupiter 14/303, Saturn 14/304 und Mondknoten 14/305; Heyne Verlag München, 1993

Im Frühling 1994 erscheinen die Heyne-Planetenbücher zu Sonne, Mond, Uranus, Neptun und Pluto.

»Ihr Horoskop für jeden Tag des Jahres ... (für jedes Zeichen des Tierkreises)«, C. Joachim Weiss, Heyne TB

Einige Bücher des Autors zu anderen Themen:

»Meditation – Die Kraft aus der Mitte«: Ein Handbuch für die Übungspraxis mit den wichtigsten Methoden, Goldmann Verlag München, TB 12138, 2. Aufl. 1993

»Meditation – Neue Lebenskraft aus der Mitte«, 2 Übungskassetten mit Anleitung und Musik, Bauer Verlag Freiburg, 1991

»Magisch Reisen Indien – Ein spiritueller Reiseführer«, Goldmann Verlag München, 1991

»Tarot der Liebe«: die erste positive, dynamische und moderne Tarot-Interpretation ohne okkulten oder mittelalterlichen Ballast, Ariston Verlag Genf-München, 2. Aufl. 1989; mit Gayan S. Winter

Empfehlenswerte englischsprachige Literatur

»Planets in Combination«, Lynne Burmyn, ACS Publications, San Diego CA, 1985

»Astrology – A Cosmic Science«, Isabel M. Hickey, CRCS Publications, Sebastopol CA, 1992

»Lunar Nodes«, Mohan Koparkar, Mohan Enterprises, P.O. Box 8334, Rochester, NY 14618, ohne Jahresangabe

»Horary Astrology – The History and Practice of Astro-Divination«, Anthony Louis, Llewellyn Publications, St. Paul MN, 1991

»A Handbook for the Humanistic Astrologer«, Michael R. Meyer, Anchor Press/Doubleday, Garden City NY, 1974

»The Knot of Time – Astrology and the Female Experience«, River & Sally Gillespie, Lindsay Harper / Row New York, 1987

»Astrology of Inner Space«, Carl Payne Tobey, Omen Press, Tucson AZ, 1973

»Spiritual Astrology«, Jan Spiller & Karen McCoy, Fireside Books, Simon & Schuster, New York 1988

Astrologie-Zeitschriften

»Astrologie Heute«:
Für astrologisch interessierte Leser/innen; inzwischen mit Magazinteil für Laienpublikum; optisch ansprechend und am »sinnlichsten« von allen; anspruchsvoll und verständlich, der humanistischen psychologischen Astrologie verbunden; für Interessenten, Anfänger und Berufsastrologen gleichermaßen.

»astrolog«:
Hauptsächlich für astrologisch vorgebildete Leser/innen; ist stark auf die API-Schule des Astrologen-Ehepaars Huber bezogen; für API-Interessenten.

»Meridian«:
Hauptsächlich für astrologisch vorgebildete Leser/innen; oft recht nüchtern und optisch karg; für Hobby- und Fach-Astrologen.

»Venus«:
Populär aufgemachter Nachfolger der »Jupiter«-Astro-Illustrierten;

flüssig geschrieben, eher oberflächlich; ordentliche Boulevard-Illustrierte zum Thema.

»DNZ«:
Bringt ab und an Sonderhefte; flüssig geschrieben, oft interessante Beiträge; ordentliche Boulevard-Zeitschrift zum Thema.

Astrologische Dienstleistungen

Bestellformular für Astrologie-Videos, Astrodata-Horoskopkarten sowie für Astro-Ausrechnungsdienste

... Ex. ASTRODATA-Horoskopkarten à DM/sfr 39,80
72 Lern- und Spielkarten, 12 davon vierfarbig

... Ex. Persönliche Jahresvorschau à DM 65,–/sfr 55,–
ab Monat/Jahr .../...

... Ex. Persönlicher Astro-Kalender à DM 110,–/sfr 95,–
Individuell gedeutete Vorschau für jeden Tag –
als Ringbuch oder als Tischmodell (ankreuzen)

... Ex. Große Persönlichkeitsanalyse à DM 82,–/sfr 70,–
Standardhoroskopanalyse mit Horoskopzeichnung
(ohne Zeichnung DM 70,–/sfr 60,–; bitte ankreuzen)

... Partnerschaftsanalyse (ohne Zeichnung) DM 60,–/sfr 50,–
Bitte geben Sie unbedingt beide Geburtsdaten an sowie
Ihren Begegnungsort oder gemeinsamen Wohnort!

... Ex. Astrologie-Videolehrgang mit Claude Weiss, I und II,
jeweils DM/sfr 68,–

Zwischensumme DM ________ /sfr ________

zuzüglich Porto und Versand DM/sfr 5,–
bei Bestellungen unter DM/sfr 200 ________________

Gesamtsumme DM/sfr ________________

Geburtsdaten für Person 1

Name, Vorname ....

Geburtsdatum, Geburtszeit ....

Geburtsort, Geburtsland ....
Männlich
Weiblich (bitte ankreuzen)

Geburtsdaten für Person 2 (für Partnerschaftsanalyse und/oder bei Mehrfach-Bestellungen)

Name, Vorname ....

Geburtsdatum, Geburtszeit ....

Geburtsort, Geburtsland ....
Männlich
Weiblich (bitte ankreuzen)
Bei Ortschaften unter 5000 Einwohnern bitte auch nächstgrößere Stadt mitangeben. Danke sehr.

Schneiden Sie dieses Formular heraus oder machen Sie eine Fotokopie. Senden Sie Ihre Bestellung mit einem Euro-Scheck mit Sckeckkartennummer als Brief ab. Schicken Sie alles entweder an

- Astrodata AG, Albisriederstr. 232, CH-8047 Zürich oder an
- Wrage Buchhandlung, Schlüterstr. 4, D-20146 Hamburg

Sie können den Gesamtbetrag auch auf das jeweilige Postscheckkonto einzahlen und den Einzahlungsbeleg mit diesem Bestellformular einsenden.

Postscheckkonto ASTRODATA: Postgiroamt Karlsruhe 14020-758
Deutsche Bank Weil am Rhein, BLZ 68370034, für ASTRODATA-Konto 0794.834.
Postscheckkonto WRAGE; Postgiroamt Hamburg, BLZ 20010020, Konto WRAGE 114328-200

Vergessen Sie nicht, die Adresse anzugeben, an welche Ihre Bestellung versandt werden soll!
Die Lieferzeit beträgt 1 bis 2 Wochen. Lieferungen von Astrodaten in die Schweiz gegen Rechnung; Zahlung innert 30 Tagen.